백선엽

백선엽

남정옥 지음

차 례

1부 교사직을 버리고 군인의 길을 택하다

2부 건군의 주역이 되다

6부 국군 역사에 새로운 장을 열다

7부 한미연합작전과 한미동맹에 초석을 놓고 발전시키다

백선엽은 어떤 지휘관인가

백선엽(白善燁, 1923년생) 장군은 대한민국을 대표하는 군인이자 6.25전쟁의 영웅으로 국민들로부터 무한한 신뢰와 존경을 받고 있다. 이러한 백선엽 장군에 대해서는 미군 장성 및 장병들도 마찬가지이다. 그는 14년간의 군대생활 중 장군으로 10년을 보냈고, 그중 7년은 대장(大將)으로 지냈다. 군 경력도 화려하다. 곧바로 중위로 임관한 그는 중대장, 대대장, 연대장, 사단장, 군단장, 군사령관, 육군참모총장, 합동참모의장 등을 거치며 전쟁을 지휘했고, 전후에는 전력증강 및 군 현대화에 크게 기여했던 인물이다.

그런 백선엽 장군의 군 경력 앞에는 최초, 최연소, 최장수라는 단어가 유난히 눈에 띈다. 대한민국 최초의 4성(四星)계급인 대장 출신으로 32세에 최연소 육군참모총장에 임명됐고, 최장수 연대장과 사단장, 최초의 휴전회담 한국 대표, 최초의 군단급 규모의 공비토벌사령관, 최초의 야전군사령관을 지내며 대한민국 국군사(國軍史)를 화려하게 장식했다. 7년간의 대장 자리는 약 70년의 국군 역사에서 유일한 경우에 해당된다.

백선엽은 전쟁터에서도 특출한 전공(戰功)을 남겼다. 문산-봉일천 전투를 시작으로 풍덕천 전투, 음성 전투, 함창 전투, 낙동강의 다부동 전투, 평양탈환작전, 서울재탈환작전, 강릉 대관령 전투, 동해안진격작전, 지리산공비토벌작전, 금성지구 전투 등에서 사단장 및 군단장으로 맹활약을 펼치며 적을 전율케 했던 전쟁영웅이었다. 그 과정에서 평양선봉 입성과 서울재탈환의 사단장으로서 언론의 주목을 받기도 했다. 또 미군과의 연합작전을 최초로 수행했던 국군의 지휘관이기도 하다. 특히 중공군 개입 시에는 최초로 중공군 포로를 잡아 미 제8군사령부 및 유엔군사령부에 중국 정규군의 참전을 최초로 알렸던 장군이었다. 그만큼 두뇌회전과 판단력이 빨랐고, 전쟁터에서는 가히 동물적 감각과 생존본능에 가까운 전투 지휘력을 발휘하여 전투를 승리로 이끌었다.

백선엽 장군은 국군 장성 중 거의 유일하게 미군 지휘관들로부터 인정을 받았던 전투지휘관이었다. 월턴 워커(Walton H. Walker) 장군이 그랬고, 매슈 리지웨이(Matthew B. Ridgway) 장군이 그랬고, 제임스 밴플리트(James A. Van Fleet) 장군과 맥스웰 테일러(Maxwell D. Taylor) 장군이 백선엽 장군을 아끼고 존경했다. 이들은 모두 6.25전쟁 당시 백선엽의 직속상관이거나 같이 전쟁을 누볐던 미 제8군 사령관들이었다. 이들 미군 장성들은 이구동성(異口同聲)으로 전쟁터에서 미군 지휘관들의 가혹한 시험을 통과한 장군 지휘관으로서 백선엽의 지휘력을 높이 평가했다.

백선엽 장군은 미군들로부터 '6.25전쟁의 살아 있는 전설'로 통한다. 6.25전쟁에는 제2차 세계대전에서 지략과 용맹을 떨쳤던 미국의 기라성(綺羅星) 같은 장군들이 지휘관 및 참모로 참전해 한국전을 지휘했다. 미 극동군사령관 겸 유엔군사령관 더글러스 맥아더(Douglas MacArthur) 원수를 비롯해 워커 대장, 리지웨이 대장, 마크 클라크(Mark W. Clark) 대장, 밴 플리트 대장, 테일러 대장, 터너 조이(Turner C. Joy) 제독, 조지 스트레이트마이어(George E. Stratemeyer) 공군중장 등이 유엔군의 지상군·해군·공군을 지휘했다. 이들 미군 장성들은 백선엽을 비롯한 한국군 지휘관들의 훌륭한 전쟁학(戰爭學)의 스승이자 선배들이었다.

백선엽 장군은 이들로부터 전쟁을 배웠고, 전략과 전술을 깨우쳤다. 전쟁터에서 직접 배운 전술학의 현장학습이었다. 국군 지휘관들은 싸우면서 배우고 익혔다. 그 가운데 군계일학(群鷄一鶴)에 해당되는 지휘관이 바로 백선엽 장군이었다. 미군 장성들도 전투 지휘관으로서 백선엽의 능력과 전공에 찬사를 아끼지 않았다.

그렇기에 한국에 주둔하고 있는 한미연합사령부의 미군 장성 및 장병들은 제1, 2차 세계대전의 미국 전쟁영웅들인 맥아더 원수와 밴플리트 그리고 리지웨이 장군 등과 어깨를 나란히 하고 싸웠던 백선엽 장군을 6.25전쟁의 살아 있는 전설로 인정할 수밖에 없다. 전사에서나 볼 수 있는 맥아더 장군과 같은 미국 전쟁영웅들의 사진 옆에 백선엽 장군이 늘 함께 있기 때문이다.

그렇지만 백선엽의 어린 시절은 매우 불우했다. 아버지를 일찍 여의고, 가난에 찌든 편모슬하(偏母膝下)에서 어렵게 공부하며 성장했다. 그 때문에 보통학교(普通學校, 현재 초등학교)도 1년 늦게 들어갔다. 학비가 없어 학교에 들어갈 수가 없었기 때문이다. 상급학교도 일반 대학이 아닌 학비가 싸고 졸업하자마자 취업이 바로 되는 평양사범학교를 택했다. 백선엽은 그런 불우한 어린 시절과 일제 식민지 시대를 겪으며 군인의 길을 갔다.

배움을 향한 도전이자 운명적 선택이었다. 군인 백선엽은 조국 대한민국이 반만년 역사에서 가장 어렵고 힘든 시기에 나라를 수호하는 데 커다란 역할을 함으로써 전쟁영웅으로 대접을 받고 있다. 대한민국에 전쟁영웅이 탄생한 것이다. 이는 미군들이 그들의 전사(戰史) 기록을 통해 먼저 인정했던 사실이다.

이 책에서는 군인으로서의 백선엽 장군의 평가를 담아 보는 데 있다. 이른바 백선엽 장군의 평전(評傳)이라 할 수 있다. 지금까지 그가 남긴 회고록은 수없이 많다. 국문판, 일어판, 영어판, 중국어판의 회고록이 국내에서 잇달아 출판됐다. 이들 회고록을 보면 백선엽의 일대기를 소상히 알 수 있다. 백선엽의 생애를 더듬어 보는 데는 이들 회고록만큼 자세한 것은 없을 것이다. 그럼에도 불구하고 이 책을 내는 데는 백선엽 자신의 이야기가 아닌 객관적인 백선엽에 대한 평가를 비교적 여러 가지 각도에서 진단해 보는 데 있다.

나아가 제한적이나마 백선엽이 대한민국과 군에 미치는 영향을 분석함으로써 대한민국 정체성에 얼마나 기여했는지를 살펴보는 데 있다. 그 과정에서 6.25전쟁과 한미동맹 그리고 우리 국군의 발자취도 자연스럽게 더듬어 보려 한다. 그런 점에서 국군 장병을 비롯하여 일반국민들과 학생들에게 일독(一讀)을 권해 본다.

2015년 5월 남정옥

1부

교사직을 버리고
군인의 길을
택하다

1장
평안남도 강서에서
장남으로 태어나다

백선엽은 1920년 11월 23일, 고구려의 마지막 수도였던 평양(平壤) 서남쪽에 위치한 평안남도 강서군(江西郡) 강서면 덕흥리(德興里)에서 부친 백윤상(白潤相)과 모친 방효열(方孝烈) 사이에서 3남매 중 둘째이자 장남으로 태어났다. 백선엽은 수원(水原) 백씨의 후예로 이곳 강서에 정착하게 된 것은 임진왜란 때 선조(宣祖) 임금이 난(亂)을 피해 중국과의 국경지대인 압록강변의 의주(義州)로 피란할 때 호종(扈從)해 왔다가 들이 넓고 살기 좋은 이곳, 강서에 머물게 되면서 살게 되었다고 한다.

백선엽의 동생은 6.25전쟁 때 인천상륙작전에 국군 제17연대를 지휘했던 그 유명한 백인엽(白仁燁, 1923~2013) 장군이다. 6.25전쟁 때 동생 백인엽 장군은 수도 서울을 탈환했고, 형인 백선엽 장군은 제1사단장으로서 적의 수도 평양을 제일 먼저 점령함으로써 세간의 주목을 끌기도 했다. 그 당시 신문에서는 제1면 기사로 "형제는 용감했다."는 타이틀로 대서특필(大書特筆)되기도 했다. 또 두 형제는 모두 태극무공훈장을 받을 정도로 혁혁한 전공을 세운 6.25 전쟁영웅이었다. 그런 점에서 그들 형제의 핏속에는 다분히 무인(武人)의 기질이 있었다고 봐야 할 것이다. 형제가 모두 육군대장과 육군중장까지 진출했으니 대한민국 최고의 군인임이 틀림없다고 하겠다.

백인엽은 1923년생으로 백선엽보다 3살 아래다. 그런데 백인엽 장군은 2013년 12월 14일, 90세의 일기로 형인 백선엽 장군보다 먼저 타계했다. 누나 백복엽(白福燁)은 백선엽보다 다섯 살이 더 많다. 누나 백복엽 여사는 백선엽 장군이 제1사단장으로 평양을 입성할 때까지 평양에 살고 있었다. 중공군 개입 후 복엽 누나는 38도선을 넘어와 대한민국 품안에서 살게 됐다.

백선엽이 태어날 무렵 그의 집안은 넉넉하지 못했다. 거기에는 아버지인 백윤상이 배움은 있었으나 일정한 직업이 없었기 때문에 경제적으로 도움을 주지 못했다. 설상가상(雪上加霜)으로 아버지는 백선엽이 다섯 살무렵에 일찍 돌아가셨다. 아버지가 물려준 재산이라고 해봐야 강서면의 산속에 외따로 떨어진 집 한 채와 인근에 널려 있는 얼마 되지 않은 논밭이 전부였다. 그것으로는 네 식구가 겨우 입에 풀칠할 정도였다. 자식들

학교 교육은 생각도 못할 형편이었다. 어머니 방효열 여사의 고민이 깊어 갈 수밖에 없었다.

2장
무인 가문 출신의 어머니, 방효열 여사

　백선엽의 어머니는 성격이 곧고 신앙심이 깊으며 당찬 분이었다. 외조부는 온양(溫陽) 방씨로 구한말(舊韓末) 때 평양에서 참령(參領, 지금의 소령에 해당)을 지낸 방흥주(方興周)라는 분이었다. 군인이었던 외조부는 어렸을 때부터 골목대장 노릇을 하며, 기개가 있고 뜻이 컸던 백선엽의 아버지, 백윤상을 일찌감치 사윗감으로 점찍었다고 한다.

　백선엽의 친가와 외가는 가까운 곳에 살고 있었기 때문에 두 집안사람들은 서로 잘 알고 지내던 사이였다. 백선엽 형제가 나중에 대한민국의 훌륭한 군인 및 전쟁영웅으로 군의 최고 계급까지 올라간 것을 보면 두 형제는 아버지 백윤상과 외할아버지 방흥주 참령의 무인 기질을 타고났다고 할 수 있다. 피는 못 속인다고 하지 않았던가!

남편을 일찍 여위었으나 무인의 집안에서 자란 백선엽의 어머니는 성격이 호탕한 여걸이었다. 남에게 신세지기를 싫어했다. 어떻게 해서든 혼자의 힘으로 어린 자식들을 가르치며 살아보려고 노력했다. 그렇지만 얼마 되지 않은 농토로는 살아가는 것도 그렇지만 자식들 교육에는 경제적으로 한계가 있다는 것을 깨달았다. 농사를 지으면 당분간 입에 풀칠을 하며 살아갈 수는 있겠지만, 그 다음이 문제였다. 그것은 단순히 먹고 사는 문제가 아니라 자식들의 장래를 생각할 때 고민이 되지 않을 수 없었다.

어머니의 소견으로 볼 때 고향에서는 아무리 생각해도 희망이 없다고 판단됐다. 두 아들에게만은 어떡해서든 배움의 기회를 줘야겠다고 생각했다. 방법은 학교가 있는 도시로 나가는 길뿐이었다. 그래서 집과 얼마 되지 않은 논밭을 정리한 후 평양으로 이사를 했다. 백선엽이 일곱 살 되던 해이다.

백선엽의 어머니가 아들의 장래를 걱정하게 된 데에는 강서지역에 일찍부터 들어온 서양문화에 상당한 영향을 받았다. 당시 강서지역은 미국 선교사에 의해 일찍부터 기독교 문화가 들어와 조만식(曺晩植) 선생과 안창호(安昌浩) 선생 같은 민족의 선각자들을 배출했던 고장이었다. 백선엽의 어머니도 그런 서양문화의 영향을 받아 일찍부터 기독교 문화에 감화될 수 있었다.

자식의 미래에 대한 어머니의 이런 걱정이 없었다면 백선엽과 백인엽,

두 형제는 어쩌면 평범한 삶을 살다가 고향에서 농사나 지으며 일생을 마쳤을 것이다. 백선엽 집안의 평양 진출은 그의 운명뿐만 아니라 대한민국의 운명에도 직간접으로 영향을 미쳤다고 볼 수 있다.

어머니는 자식들의 교육에 헌신적이었다. 혈혈단신(孑孑單身)으로 손에 가진 것 없이 먹고 살기도 힘든 상황에서 아들들을 학교에 보내기 위해 아무런 연고도 없는 평양으로 무작정 나왔으니 그 고생이 오죽했겠는가!

그런 백선엽 장군의 어머니는 나중에 크게 보답을 받았다. 백선엽 장군이 육군참모총장으로 있을 때 이승만(李承晩, 1875~1965) 대통령은 경무대(景武臺, 지금의 청와대)에서 백선엽 어머니의 환갑잔치를 열어 줬다. 그의 어머니가 어렵고 힘든 가정환경에도 불구하고 두 아들을 군의 간성(干城)으로 키워 준 데 대한 감사의 표시였다. 이는 전무후무(前無後無)한 일이었다.

이승만 대통령은 부모에게 효도하는 장군들을 유난히 총애했다. 특히 노부모를 모시고 사는 장성(將星) 및 지휘관들에게는 각별한 애정을 보였다. 그런 대표적인 장성이 바로 백선엽 장군과 정일권(丁一權) 장군 그리고 해군의 손원일(孫元一) 제독이었다. 이들 장성들은 모두 노모를 극진히 모시고 있었다.

이들 장성들이 각 군의 최고 계급까지 진출하여 참모총장을 지낸 것도, 그 이면에는 군인으로서 그들의 능력도 출중했지만, 통수권자 이승만 대통령이 볼 때 그들이 모두 어려운 군무(軍務)에도 불구하고 노모를 지극정성으로 모시고 사는 효자라는 점이 크게 한몫했던 것이다.

3장
아들 교육을 위해 평양으로
무작정 이사

평양에서 백선엽의 집안은 고생을 많이 했다. 어쩔 수 없이 평양으로 이사를 했으나 돈벌이가 마땅찮았다. 기술이 있는 것도 아니고 지금처럼 도시에서 부녀자들이 할 수 있는 일도 많지 않은 시절이었다. 그러다 보니 가지고 있는 재산마저 차츰 축날 수밖에 없었다. 나중에는 돈이 떨어져 단칸방에서 끼니조차 잇기 어려운 지경에 이르게 됐다. 그렇다고 앞으로 나아질 기미도 보이지 않았다.

그때 어머니는 도저히 생활고를 견디다 못해 최후의 결심을 하게 됐다. 어린 3남매를 데리고 대동강 다리로 데리고 가서 강물에 빠져 죽으려고 했다. 생활고에 지친 어머니가 고심 끝에 내린 집단자살이었다. 이때 백선엽보다 다섯 살 많은 누나 복엽이가 나섰다. 복엽 누나는 어머니에게

"나무도 뿌리를 내리려면 3년이 걸린다는데, 우리는 평양에 온 지 겨우 1년밖에 되지 않았느냐. 앞으로 3년만 버텨 보다가 그래도 안 되면 그때 죽어도 되지 않겠느냐?"고 말해 온 식구가 껴안고 울었던 슬픈 기억이 있다.

이때부터 어머니와 누나는 무슨 일이든 가리지 않고 닥치는 대로 찾아 했다. 궁(窮)하면 통한다고 했던가! 이 일이 있고 난 후부터 어머니는 평양의 고무신 공장에 취업했고, 누나는 비단을 만드는 견직(絹織)회사에 들어갔다. 두 모녀는 이를 악물고 자식과 동생들을 위해 돈을 모았다.

그때까지 어린 백선엽은 돈이 없어 학교에 들어가지 못했다. 어느 정도 집안형편이 조금 나아지자 아홉 살이 되어서야 보통학교(지금의 초등학교)에 들어가게 됐다. 어머니와 누나의 피눈물 나는 고생덕분이었다. 동생 인엽이는 정상적으로 학교에 들어갔다. 백선엽은 처음에 평양의 만수보통학교에 입학했다가 4학년 때 약송(若松)보통학교로 전학하여 그곳에서 졸업했다. 그때 약송보통학교에서 가까운 신리(新里)라는 곳에 조그마한 집을 마련했기 때문이다.

이 무렵 누나도 석탄을 판매하던 집안으로 시집가고, 어머니가 그 일을 돕게 되면서 집안 형편이 차츰 나아지게 됐다. 그렇다고 대학교에 보낼 정도로 형편이 좋아진 것은 아니었다. 간신히 굶주림을 면하고 보통학교에 보낼 수 있는 정도였다. 그때서야 온 식구는 안도할 수 있게 되었다. 어머니 방효열 여사는 자신의 선택이 옳았다는 것을 실감하며, 어린 선엽이의 학교 가는 모습에서 그동안의 온갖 시름을 잠시 잊고 자그마한 행복감에 젖을 수 있었다.

4장

넉넉지 못한 집안형편 때문에 택한 평양사범학교

백선엽이 6년제 보통학교를 졸업할 무렵 담임선생이던 김갑린(金甲麟) 선생이 집안형편을 알고, 평양사범학교 진학을 적극 권유했다. 그때 백선엽은 어머니의 고생을 조금이라도 덜어 드리리라는 담임선생님의 말씀을 귀담아 듣고, 졸업과 동시에 바로 취직이 되는 상업학교와 사범학교에 진학하기로 결심하고, 평양에 위치한 도립상업학교(道立商業學校)와 평양사범학교(平壤師範學校)에 원서를 썼는데, 두 곳 모두 합격했다. 백선엽은 명석한 두뇌의 소유자로 성적이 뛰어난 우등생이었다.

당시 국내의 사범학교로는 평양사범학교, 경성사범학교, 대구사범학교 등 세 곳뿐이었다. 국무총리를 역임한 강영훈(姜英勳, 육군중장 예편, 국무총리 역임) 장군도 평양사범학교에 원서를 내고 시험을 봤으나 떨어졌다고 회고한 바 있다. 그 정도로 평양사범학교 합격은 쉽지 않았다. 그 당시 사범학교는 가난하면서 머리가 좋은 전국의 수재들이 몰려들었다. 경쟁률이 심할 수밖에 없었다. 백선엽은 그런 평양사범학교에 당당히 합격했다. 그는 학교 선생과 주위사람들의 조언을 듣고 상업학교 대신 평양사범학교에 진학하기로 결정했다.

백선엽이 5년제 평양사범학교에 들어간 해는 1935년이었다. 당시는 군국주의(軍國主義) 일제의 한반도에 대한 식민지 강탈이 극심하던 시기였다. 이에 따라 중등학교 이상의 모든 학교에서는 학생들에게 학과목 이외에 군사훈련을 시켰다. 유사시를 대비한 일종의 예비전력 확보였다. 평양사범학교도 예외는 아니었다. 그 중 다행스러운 것은 그때 미국과 전쟁을 하지 않고 있었기 때문에 매주 2시간씩 영어를 배울 수 있었다. 그때 배운 영어가 기초가 되어 미군정 시절 백선엽은 쉽게 영어를 마스터할 수 있었다. 6.25전쟁 때 미군과 자유롭게 연합작전을 수행할 수 있는 토대가 이때 마련되었다고 할 수 있다.

5장

평양사범학교에서의 군사훈련과
독서에 대한 취미

평양사범학교 시절 일본 제국주의자들이 중점을 두고 실시하는 교육 중의 하나가 군사훈련이었다. 이를 위해 평양사범학교에는 일본군 현역 육군중좌(中佐, 지금의 중령), 예비역 육군중위와 준위가 배속장교(配屬將校)로 나와 교련(敎鍊)을 담당했다. 교련은 1주일에 2시간 정도 받았다. 학년이 올라갈수록 군사훈련도 강화됐다. 4학년부터는 평양의 일본군 부대에 들어가 군사훈련을 받았다. 그곳에서는 실탄사격도 실시했다. 백선엽은 군사훈련에서 남다른 재능을 보였다. 그때부터 그의 몸은 이미 군인의 길을 자연스럽게 받아들이고 있었다.

백선엽의 독서 취향은 문학작품에서부터 위대한 군인들의 회고록과 평전 등에 주로 맞춰 줬다. 자신도 모르게 군인의 길에 흥미를 느끼며, 한

발자국씩 그 길로 나아가고 있었던 것이다. 그때부터 평생을 이어온 전사(戰史) 및 군사학에 대한 독서는 그에게 현명한 선택과 결정을 할 수 있는 전략적 사고를 심어줬다.

백선엽은 건군(建軍) 이래 대한민국 군인 중에서 독서를 통해 공부를 가장 많이 한 장군 중의 한 사람으로 꼽힌다. 대한민국 군인들 중 학문을 좋아한 장군으로는 주월한국군사령관을 역임한 채명신(蔡命新) 장군과 한미연합사부사령관을 역임한 김재창(金在昌) 장군이 있다. 이분들의 군사학에 대한 학문적 깊이는 어느 학자들 못지않다.

그런 점에서 백선엽은 후배 장성들에게 배움을 좋아하는 군인, 독서를 평생의 취미로 삼고 실천하는 장군이라는 좋은 선례(先例)를 선물로 남겼다고 할 수 있다.

6장

안정된 교사직을 버리고
만주군관학교에 가다

1940년 3월, 드디어 백선엽은 평양사범학교를 졸업하게 됐다. 그런데 백선엽은 교사의 길로 나아가지 않았다. 만주의 봉천(奉天, 현재의 선양)에 있는 봉천군관학교(奉天軍官學校)에 들어갔다. 이른바 만주국의 2년제 육군사관학교이다.

백선엽은 자신이 군관학교에 들어간 이유로 자신의 향학열(向學熱)을 꼽고 있다. 공부를 계속하고 싶었다는 것이다. 그렇지만 그것으로는 뭔가 설득력이 부족하다는 느낌이 든다. 그것도 이유가 되겠으나 더욱 분명한 설명이 필요했다. 그것은 바로 천성적으로 군인의 길을 좋아했고, 몸속에는 자신도 모르는 무인의 기질이 흐르고 있었다고 봐야 할 것이다. 백선엽 자신도 어찌할 수 없는 무인의 피가 자신의 몸속에 흐르고 있었고, 군인이 되어야겠다는 야망이 가슴 한구석에 꿈틀대고 있었다. 그것을 그때 알았든 나중에 알았든 간에 그는 전형적인 무골(武骨)이었다. 그것도 평생을 공부하는 군인이었다.

백선엽은 평양사범학교 때 군사훈련에서 군인에 대한 적성과 매력을 느꼈을 가능성이 크다. 사범학교를 나와 평생 학생을 가르치는 선생 노릇도 좋았지만, 그의 마음과 몸은 이미 군인의 길로 앞서가고 있었다. 평생 선생을 하기에는 자신의 젊음이 아깝다는 생각을 했다. 그래서 그는 과감히 안정적인 직장인 교사직을 버리고 군인이 되기 위해 만주벌판으로 달려간 것이다. 무인 가문의 딸로 태어난 어머니도 그의 선택을 막지 않고 오히려 그렇게 하라고 권유했다.

평양사범학교를 나오면 의무적으로 2년 동안 교사로 근무해야 했다. 학비보조를 많이 받을 경우 교사로서 4년을 의무적으로 복무해야 했다. 다행히 백선엽은 학비를 적게 보조받아 2년만 교사로서 봉직하면 됐다. 그렇지 않으면 정부에서 보조해 준 학자금을 갚아야 했다. 그렇다 하더라도 난관은 또 있었다.

평양사범학교를 나와 만주군관학교를 가려면 신원보증이 필요했다. 다행히 학자금은 어머니가 그동안 모아둔 돈을 털어서 갚았고, 만주군관학교에 들어갈 때에는 당시 만주군 군의장교로서 백선엽이 가려고 한 봉천군관학교의 소좌(少佐, 소령 계급에 해당)로 있던 원용덕(元容德, 육군중장 예편, 국군헌병사령관 역임)의 도움을 받아 입학할 수 있었다. 원용덕은 군관학교 간사(幹事)에게 부탁하여 백선엽의 입교 허락을 받아냈던 것이다.

이후 백선엽과 원용덕의 군대 인연은 이래저래 깊어졌다. 두 사람은 군대생활을 하면서 상하관계가 서로 뒤바뀌는 경우가 허다했다. 광복 후 백선엽이 월남하여 군사영어학교에 들어갈 때 원용덕은 그 학교의 부교장이었다. 이른바 학생과 선생의 관계였다. 6.25전쟁 이전까지는 원용덕이 백선엽보다 계급이 높거나 상급자로서 활동했다. 백선엽이 부산 제5연대에 있을 때 원용덕은 육군사관학교 교장을 거쳐 국방경비대사령관으로 있었다.

6.25전쟁 이후부터 두 사람의 상하관계는 뒤바뀌었다. 백선엽 중장이 제2군단장일 때 원용덕 준장은 부군단장이었고, 백선엽 대장이 육군참모총장일 때 원용덕 중장은 국군헌병사령관으로 반공포로 석방의 주역을 맡았다. 4.19후 두 사람은 군문을 떠날 때 백선엽은 합동참모의장을 끝으로 육군대장으로 전역했고, 원용덕은 헌병사령관을 끝으로 육군중장으로 전역했다.

백선엽은 1940년 초, 2년제 봉천군관학교에 들어갔다. 그리고 1941년 12월 말 군관학교를 졸업하고 이듬해 만주군 장교로 임관했다. 봉천군관학교 마지막 기수인 제9기였다. 동기생으로는 윤수현(尹秀鉉, 육군준장 예편, 부군단장 역임) 장군이 있다. 그의 군관학교 선배들은 쟁쟁하다. 건군과 6.25전쟁 그리고 전후 군 현대화에 두각을 나타냈던 정일권(丁一權, 육군대장 예편, 육군참모총장 역임), 김백일(金白一, 육군중장 추서, 제1군단장 역임), 신현준(申鉉俊, 해병중장 예편, 해병대사령관 역임) 등이 그들이다. 이들은 대한 민국 국군 역사에 커다란 족적을 남긴 기라성 같은 장군들로 평가받고 있다. 이때부터 일본이 패망하고 8.15 광복을 맞을 때까지 만주군 장교 로 복무하다가 귀국했다. 그때 백선엽의 계급은 만주군 중위였다.

2부

건군의 주역이
되다

1장

8.15 광복 후 귀향하여 평양에서
조만식 선생을 모시다

만주에서 광복을 맞은 백선엽은 귀국을 서둘렀다. 만주지역으로 진출한 소련군은 일본군과 만주군을 전쟁포로로 취급하여 시베리아로 데려갔다. 소련군에게 잡히면 모든 것이 끝장이었다. 이때 백선엽은 군복을 벗고 사복 차림으로 두만강을 건너 평양까지 약 1개월간의 귀향(歸鄕) 전쟁을 치러야 했다.

백선엽은 옌지(延吉)와 룽징(龍井)을 거쳐 두만강을 건너 무산(茂山)-백암(白岩)-길주(吉州)-함흥(咸興)-고원(高原)-양덕(陽德)을 지나 평양으로 돌아왔다. 수백 킬로미터의 먼 길을 꼬박 한 달이나 걸려 고향으로 돌아온 것이다. 그렇게 해서 평양에 도착한 것이 1945년 9월이었다. 38도선 이북은 소련군이 들어와 이미 군정(軍政)을 실시하고 있었다. 이때 북한에는 김일성이 출현하여 급격히 부상하고 있었다. 당시 조만식(曺晩植)선생은 평안남도 인민정치위원회 위원장이었다.

백선엽은 평양에서 조만식 선생의 비서실장으로 있던 이종사촌 형인 송호경(宋昊經)의 주선으로 비서실에 근무하게 됐다. 이때 동생 백인엽도 조만식 선생의 경호대장을 맡고 있었다. 당시 조만식은 평남 인민정치위원회 위원장 외에도 조선민주당 당수(黨首)도 맡고 있었다.

하지만 북한지역은 소련군정의 비호를 받는 공산당의 세상이었다. 민족지도자인 조만식 선생의 힘만으로는 어떻게 할 수 없었다. 대세가 공산당 쪽으로 기울고 있었다.

조만식 선생의 비서실에 있을 때 백선엽은 특이한 경험을 했다. 그것은 김일성(金日成)을 만난 것이다. 백선엽은 조만식 선생의 사무실을 드나들던 김일성을 자주 보곤 했다. 당시 김일성은 정치인민위원회 부위원장을 맡고 있었다. 하지만 소련군정의 비호(庇護)를 받던 그는 얼마 안가 북한의 실권을 거머쥐고, 북한에 소련식 공산주의를 이식시키는 데 앞장서고 있었다. 북한은 이제 점차 공산주의 세상으로 변해 가고 있었다. 공산당 조직은 나날이 강화됐다.

'인민군', 강동정치학원, 군사학교, 민청(民靑) 등 외곽조직도 착착 결성돼 분위기는 하루가 다르게 경직되어 가고 있었다. 그러면서 우익세력에 대한 탄압도 점차 거세지고 있었다. 10월 하순에는 소련군의 지도로 창설된 적위대(赤衛隊)가 동생 인엽이 맡고 있던 조만식 선생의 경호대를 해산한 데 이어 12월에는 조만식 선생을 고려호텔에 감금하는 사태에까지 이르렀다. 북한에는 이제 희망이 없었다.

2장

김백일과 함께 38도선을 넘다

백선엽으로서는 더 이상 북한에 있을 수 없었다. 남쪽 행을 택하지 않으면 안 되었다. 만주군 대위로 복무했던 정일권과 동생 백인엽은 이미 38도선을 넘었다. 생명의 위협을 느꼈기 때문이다. 백선엽도 더 이상 남쪽 행을 늦출 수 없었다. 만주군관학교 선배인 김백일(金白一, 육군중장 추서)과 최남근(崔楠根, 1949년 숙군 때 사형)과 함께 38도선을 넘었다. 그때가 1945년 12월 28일이다. 개성에서 기차를 타고 서울에 도착한 것이 1945년 12월 29일 오후였다.

서울에는 아무런 연고도 없었다. 그 당시 서울의 풍경은 혼란 그 자체였다. 거리에는 데모 군중으로 넘쳐났다. 주도권을 쥐려는 정치단체들이 데모를 선동했다. 혼돈과 무질서 속에 해외에서 돌아온 군사 경력자들도 여기에 가세했다.

일본군, 중국군, 만주군, 광복군 출신들이 결성한 단체들이었다. 그 당시 남한지역에서 활동하고 있는 정당 및 사회단체와 군사단체가 200여 개에 달했다. 그 중 군사단체도 30개에 이르렀다. 그런 혼란 속에 서울에 도착한 백선엽 일행은 망연자실할 뿐이었다. 도시 속에서 길을 잃어버린 미아(迷兒) 신세였다.

서울에서 먹고살 길을 찾아야 했다. 백방으로 수소문한 끝에 미 군정청(軍政廳)에서 군 간부 양성을 위해 군사영어학교(軍事英語學校, Military Language School)를 서대문구 냉천동에 있는 감리교(監理敎) 신학교에 설립했다는 소식을 들었다.

1945년 12월 5일에 문을 연 군사영어학교는 광복 후 우리나라의 첫 장교 양성기관이다. 남한지역을 점령한 미 군정청은 국방경비대 창설을 앞두고 건군(建軍) 요원과 통역관(通譯官) 양성을 목표로 군사영어학교를 설립했다. 입교자격은 준사관(准士官) 이상의 군사경력과 중학교 이상의 학력이었다.

3장

군사영어학교를 나와
육군중위로 임관하다

백선엽과 같이 38도선을 넘어온 만주군관학교 선배인 김백일과 최남
근도 함께 군사영어학교에 들어가게 됐다. 백선엽은 군사경력을 인정받
아 입교 20여일 만인 1946년 2월 26일에 수료와 동시 중위로 임관했다.
백선엽보다 먼저 38도선을 넘은 정일권은 대위로 임관했고, 동생 백인엽
은 소위로 임관해 있었다.

1946년 4월 30일, 군사영어학교가 폐교될 때까지 110명이 임관했다.
이들 중 78명이 대한민국의 장군이 됐다. 그 가운데 육군대장에는 백선엽
을 포함해 이형근(李亨根), 정일권, 장창국(張昌國), 민기식(閔機植), 김종오(金
鍾五), 김계원(金桂元), 김용배(金容培) 등 8명이고, 육군중장은 동생 백인엽
을 비롯하여 26명이나 됐다. 이들 중 육군참모총장 13명, 합동참모의장

9명, 국방부장관 3명을 배출했다. 국방부장관에는 유재흥(劉載興), 최영희(崔榮喜), 박병권(朴炳權) 장군이 배출되었다.

군사영어학교를 나온 창군 요원들은 각 도에 1개 연대를 창설하기 위해 전국으로 흩어졌다. 제주도를 포함해 9개도에 1개 연대를 창설하기 위해서다. 서울에 제1연대, 대전에 제2연대, 이리에 제3연대, 광주에 제4연대, 부산에 제5연대, 대구에 제6연대, 청주에 제7연대, 원주에 제8연대, 제주도에 제9연대를 창설했다.

군사영어학교를 나온 110명은 창군요원으로 활동했다. 이들의 첫 친목모임이 1947년 시작됐으나 공식화되지는 못했다. 그러다 1992년 '창군동우회(創軍同友會)'라는 명칭으로 활동을 하게 됐다. 지금 대부분의 창군동우회 멤버들은 세상을 떠났다. 2015년 현재 8명만 생존해 있다.

백선엽, 강영훈, 김종면(金宗勉, 육군준장 예편, 육군본부 정보국장 역임), 김계원(金桂元, 육군대장 예편, 육군참모총장 역임), 황헌친(黃憲親, 육군준장 예편, 제1군사령부 참모장), 김웅수(金雄洙, 육군소장 예편, 제6군단장 역임), 임선하(林善河, 육군소장 예편, 군단장 역임), 원태섭(元泰燮, 육군준장 예편, 육군수송감 역임) 장군이 그들이다.

그들을 보면서 세월의 무상함과 함께 격세지감(隔世之感)을 느낀다. 군대를 만들고 나라를 지키던 건군의 주역이자 국군 발전의 주역이던 그들이 이제 모두 90세를 넘기고 100세를 바라보고 있으니 말이다. 그 중심에 백선엽 장군이 좌장(座長)으로서 아직도 국가의 안위를 자나깨나 걱정하며, 군의 발전에 여러모로 도움을 주고 있다. 아직도 그들의 마음은 창군 당시의 20대에 머물고 있는 영원한 대한민국 군인들이다.

4장

부산 제5연대 창설과 인맥 형성

국방경비대 중위로 임관한 백선엽은 부산 제5연대 창설요원으로 갔다. 백선엽의 군대생활이 처음으로 시작된 곳이다. 백선엽이 1946년 2월 27일, 발령을 받고 간 부산 제5연대에서는 이미 부대 창설작업이 진행되고 있었다. 미 제40사단에서 파견된 장교와 부사관들이 연대 창설작업을 돕고 있었는데, 이들 미군 간부들로는 우즈(Woods) 소위, 사이먼스(Simons) 소위, 중사 1명, 하사 1명 등 4명이었다. 제5연대에서 백선엽의 직책은 A 중대장이었다.

백선엽 중위보다 먼저 와서 창설작업을 하고 있던 제5연대 창설 멤버로는 박병권(朴炳權, 육군중장 예편, 국방부장관 역임) 소위, 이치업(李致業, 육군준장 예편) 소위, 오덕준(吳德俊, 육군소장 예편) 소위, 박진경(朴珍景) 소위 등이었다.

뒤이어 신상철(申尙澈, 공군소장 예편, 체신부장관 역임), 김익렬(金益烈, 육군중장 예편), 백남권(白南權, 육군소장 예편), 송요찬(宋堯讚, 육군중장 예편, 육군참모총장 역임), 이후락(李厚洛, 육군소장 예편, 중앙정보부장 역임) 소위가 합류했다.

이들은 모두 나중에 군에서 중요한 역할을 수행했던 인물들이다. 그만큼 백선엽의 제5연대 인맥은 막강했다. 이런 그의 인맥형성은 그가 성장하는 데 든든한 울타리 역할을 했다. 그는 군생활 중 부하복이 많았다.

부산에서 백선엽의 군대생활은 순탄했다. 부산에서 모병을 마친 백선엽은 울산과 진주에서 창설된 중대를 합쳐 제5연대 제1대대를 창설하면서 제1대대장이 됐다. 1946년 11월의 일이다. 이후 진해에서 제2대대를, 통영에서 제3대대를 창설했다. 이렇게 해서 제5연대의 창설이 완료됐다.

제5연대 창설이 완료될 무렵인 1947년 10월 15일, 백선엽은 중령으로 진급하면서 제5연대장에 임명됐다. 당시 부연대장은 신상철 소령이었고, 제1대대장은 이치업 소령, 제2대대장은 김익렬 소령, 제3대대장은 오덕준 소령이었다.

백선엽은 제5연대장 시절에 좋은 인맥을 구축했다. 그의 부하들 중에는 나중에 국가와 군 발전에 기여한 사람들이 많이 배출됐다. 이들로는 앞서 같이 근무했던 장교들 외에도 박태준(朴泰俊, 육군소장 예편, 국무총리 역임), 서종철(徐鍾哲, 육군대장 예편, 국방부장관 역임), 노재현(盧載鉉, 육군대장 예편, 국방부장관 역임), 박영수(朴英洙, 서울시장 역임) 등이 있었다. 이들은 박정희 대통령을 도와 대한민국 근대화와 국군의 발전에 기여했던 대표적 인물들이다.

백선엽은 대체로 인복(人福)이 많았다. 그의 부하들 중에는 능력과 역량 있는 사람들이 많이 있었다. 그는 한 번 신뢰하면 끝까지 신뢰하는 지휘관이었다. 반면 믿음이 가지 않는 사람에 대해서는 다시는 기용하지 않았다. 이것은 그의 철저한 인사원칙이었다. 그와 평생을 함께한 부하들로는 최영희, 김점곤, 장우주(張禹疇, 육군소장 예편) 장군 등이 있다. 이들 부하들은 모두 타계했다. 가장 나이 많고 계급이 높았던 백선엽 장군만 생존해 계신다.

5장

최초의 한미연합작전을 시도하다

백선엽은 제5연대장 시절 미 군사고문관들과 24시간 함께 지내면서 영어회화를 마스터하게 됐고, 미군 교범들을 번역하는 과정에서 군사영어와 미군 전술교리도 자연스럽게 익히게 됐다. 여기에는 그의 학구적 열정과 노력이 스며 있었다. 이는 백선엽이 사단장과 군단장 그리고 참모총장을 할 때 미군과의 연합작전 및 협조를 할 때 많은 도움이 되었다.

이는 백선엽의 출세에도 상당한 영향을 미쳤을 것으로 여겨진다. 실제로 낙동강 전선의 다부동 전투에서 백선엽이 지휘하는 제1사단은 미 제1기병사단과 함께 대구 사수를 위한 협조된 연합작전을 실시했다. 또 1950년 8월, 북한군의 8월 공세에 대응하기 위해 증원 나온 미 제27연대 및 제23연대와도 효과적인 연합작전을 구사했다. 그런 배경에는 미군 전술에 대한 충분한 이해와 미군과의 작전을 협의할 수 있는 영어 실력이 있었기 때문에 가능한 일이었다. 워싱턴과 도쿄의 미군 수뇌부들이 백선엽의 제1사단을 방문했던 것도 이와 무관치 않다고 할 수 있다. 그만큼 백선엽은 연합작전을 위해 준비된 지휘관이었다.

백선엽의 부산 제5연대장 시절은 그가 군인으로서 성장하는 데 커다란 자양분 역할을 했다. 그는 그곳에서 오로지 미군 군사교리와 영어회화 그리고 미 군사고문관으로부터 전술지식을 배울 수 있었다.

국방경비대 시절 백선엽은 전군에서 가장 오랫동안 한곳에서 연대장 직책을 수행했다. 제5연대장으로 2년여의 복무를 하면서 백선엽은 어려운 부대 창설로부터 시작하여 부대증편을 지도했고, 그 부대를 통해 대대 규모의 기동훈련을 실시했다. 이를 통해 백선엽은 지휘관으로서의 역량을 키워 나갔고, 지휘관의 역할에 대해서도 체득할 수 있는 기회를 가졌던 것이다. 백선엽의 이런 창의적이고 부단한 노력이 그를 군의 거목(巨木)으로 성장케 하는 동인(動因)으로 작용케 했던 것이다. 백선엽 장군의 사무실에는 "배를 삼킬 만한 큰 물고기는 얕은 물에서 놀지 않는다."는 커다란 액자가 걸려 있다. 이른바 "탄주어 불유지류(呑舟魚 不遊支流)"이다. 그의 꿈은 이때부터 시작되지 않았나 싶다.

3부

군 최초로 정보요원을
양성하고 정보체계를
구축하다

1장

통위부 정보국장 발탁 배경

통위부(統衛部, 미군정 시기 국방부, 지금의 국방부 전신) 정보국장 자리는 군 정보를 총괄하는 중요한 직책이다. 그런 자리에 백선엽이 임명된 것이다. 그렇지만 처음 백선엽은 작전교육국장 자리를 제의받은 것으로 회고하고 있다. 그렇게 되었더라면 역사는 또 달라졌을 것이다. 만약 백선엽이 작전교육국장직을 맡았다면 우리 군의 정보 분야는 훨씬 뒤떨어졌거나 훨씬 시간이 지난 뒤에야 그 체계를 갖추었을 것이기 때문이다. 그래서 역사에서는 창의적인 인물을 높이 평가하지 않나 싶다.

백선엽이 정보국장이 된 데에는 이런 배경이 깔려 있었다. 국방경비대 제3여단 참모장으로 부임하여 4개월쯤 지난 1948년 4월 초, 백선엽은 통위부 작전교육국장으로 부임하라는 통보를 받았다. 전혀 생각지 못한 일이었다. 그동안 정들었던 부산을 뒤로하고 서울로 올라왔다.

중대장에서 시작하여 여단 참모장으로 2년이 넘는 기간 동안 부산에 서만 근무하고 서울 근무는 처음이었다. 그때는 군이 격동의 시기라 한 장교가 한 지역에서 2년이라는 긴 기간을 근무한다는 것은 어려웠던 시기였다. 그럼에도 백선엽은 부산에서 2년여의 세월을 무사히 버틴 셈이다. 성실하고 무던한 성격이 그를 그렇게 만든 것이었다.

백선엽은 단순했다. 이북에서 월남해 온 그는 출세의 배경이 될 정치적 배경이나 군맥(軍脈)도 없었다. 일본 육군사관학교를 나오지도 않았고, 그렇다고 일본에서 대학을 나오지도 않았다. 유일한 학력이라고는 평양 사범학교와 만주봉천군관학교가 전부였다. 그것도 마지막 기수로 임관 했다. 그나마 다행인 것은 그에게 명석한 두뇌와 강건한 체력 그리고 꾸준한 노력이 뒷받침 된 성실성이 있었다는 것이었다.

1948년 4월 11일, 백선엽은 부산으로 내려온 지 2년 2개월 만에 처음으로 서울에 올라왔다. 그런데 막상 통위부에 도착해 보니 작전교육국장이 아니라 정보국장 자리가 주어졌다. 다소 황당했지만 주어진 대로 일하리라 마음먹었다. 나중에 작전교육국장 자리에는 일본 육사 출신의 장창국 (張昌國, 육군대장 예편, 합참의장 역임) 대령이 임명됐다.

백선엽이 통위부 정보국장으로 발탁된 것은 매우 이례적인 인사였다. 이는 당시 통위부 고문관이었던 테릴 프라이스(Terril E. Price) 대령과 부산에 주둔했던 미 제6사단장 올랜도 워드(Orlando Ward) 소장의 추천 때문이 아닌가 여겨진다. 이 두 사람은 제5연대장 백선엽에게 좋은 인상을 갖고 있었다.

백선엽과 이 두 사람과의 인연은 순전히 업무 때문이었다. 백선엽이 부산 제5연대장 시절 미 고문관 프라이스 대령이 부산에 두 번 시찰을 온 일이 있었다. 그때마다 백선엽은 프라이스 대령을 미 제6사단 사령부로 안내했다. 이때 미 제6사단장 워드 소장은 프라이스 대령에게 "커널 백(Colonel Paik)은 부대 지휘나 업무 협조를 매우 잘하고 있다."며 칭찬했다. 프라이스 대령이 두 번째 부산을 다녀간 뒤 백선엽이 갑자기 통위부로 인사발령이 났다. 여러 가지 정황으로 볼 때 이것은 프라이스 대령이 추천한 것으로밖에 볼 수 없다.

워드 소장은 백선엽의 군인으로서의 적극적인 자세와 미군의 선진 군사지식을 배우려는 열성적인 태도에 좋은 인상을 받고 프라이스 대령에게 그렇게 말했던 것으로 보인다. 결국 일은 사람이 만든다고 프라이스 대령이 백선엽을 통위부의 요직인 정보국장 자리에 추천하지 않았나 싶다. 그의 업무에 대한 집중도, 그리고 성실성과 꾸준한 노력이 이때부터 빛을 발하기 시작했던 것이다.

2장

정보요원을 양성하여
대북 정보수집에 나서다

백선엽의 통위부 정보국장 취임으로 우리 군의 정보 분야는 획기적인 변화를 가져왔다. 백선엽은 맹아(萌芽) 수준에 있던 우리 군의 정보 분야에 주춧돌을 놓으며 발전의 기틀을 마련했던 군 정보의 대부(代父) 역할을 했다. 우리 군의 정보는 그로부터 시작되었다고 해도 과언이 아닐 것이다. 그만큼 군의 초창기 정보 분야에 미친 그의 영향력은 매우 컸다고 할 수 있다.

백선엽이 통위부 정보국장으로 부임했을 때 정보국에는 미군 소령 한 명, 김종면 소령, 김점곤 대위 등 몇몇 위관 장교, 그리고 소수의 부사관들이 근무하고 있었다. 책임자는 미군 소령이었다. 중령으로는 백선엽이 처음이었다. 그야말로 갓 눈을 뜬 신설 부서였다. 그러다 보니 체계도 없었고, 정보를 다룰 전문 인력도 없었다. 정보가 무엇인지도 몰랐고, 정보에 대해 아는 사람도 극히 드물 때였다. 더구나 정보의 운영에 대해서는 무지에 가까웠다고 할 수 있었다.

그때 통위부 정보국은 조선경비대사령부(현 육군본부에 해당) 정보처까지 통합되어 있어 조직은 매우 컸으나 특별히 부여된 업무는 없었다. 또 모든 정보는 미군과 경찰에 의존하고 있었기 때문에 정보국에서 딱히 할 일도 없었다. 이런 이면에는 아직 전문적으로 정보를 다룰 줄 아는 인력이 없었던 것도 한 요인이었다.

그렇다고 통위부 정보국장으로 취임한 백선엽은 그냥 넋 놓고 있을 수만은 없었다. 무엇인가를 찾아 해야만 했다. 여러 궁리 끝에 미 제24군단의 정보처장 호턴 화이트(Horton White) 대령을 찾아가 해결책을 구하고자 했다. 그때까지 정보국장인 백선엽도 정보에 대해 잘 몰랐다. 정보전문가의 조언이 필요했다. 그래서 미 제24군단 정보처장을 찾아간 것이다.

백선엽 정보국장은 미 제24군단 정보처장 화이트 대령에게 "통위부 정보국장 백선엽 중령입니다. 정보국 업무에 관해 조언을 부탁드립니다."라고 말했다.

화이트 대령은 그러한 백선엽에게 온화한 미소를 보이며 자신의 책장에서 미국에서 발행된 정보업무 매뉴얼(manual)을 몇 권 꺼내 주며 업무에 참고하라고 했다. 그러면서 정보에서 제일 중요한 것이 신문(訊問)이니 정보요원들에게 신문하는 법부터 가르쳐야 믿을 수 있는 정보를 얻을 수 있다고 조언했다.

나아가 화이트 대령은 백선엽에게 "교관요원과 통역관을 보내줄 테니 정보학교를 설립해 정보요원의 양성부터 서두를 것"을 조언했다. 그렇게 해서 백선엽은 상부에 건의해 정보학교 설립에 들어갔다. 그렇게 해서 만들어진 것이 오늘날의 육군정보학교이다. 물론 이 학교의 초대 교장은 백선엽이 겸임했다. 우리 군에 정보학교가 처음 세워지게 됐다.

백선엽은 정보학교가 만들어질 때까지 가만히 있을 수 없었다. 그의 장점 중 하나는 강한 추진력이었다. 백선엽은 먼저 통위부 회의실을 이용해 정보국 간부와 예하부대 정보실무자 30명을 소집시켜 화이트 대령이 정보에서 중요하다고 강조했던 신문교육부터 시작했다. 교육에는 백선엽 정보국장을 포함하여 각 연대의 정보장교들이 참석했다. 교관은 미군 장교들로 미군 통역관 소상영(蘇尙永, 공군대령 예편, 대사 역임)의 통역으로 정보교육이 시작됐다. 나중에는 갓 임관한 육사 제8기생 중 우수자원 30명을 선발하여 정보교육을 받게 했다.

이때 정보교육을 제8기생들과 정보장교들로는 김종필(金鍾泌, 육군준장 예편, 국무총리 역임), 이희영(李熙永), 김진각(金診珏), 이각봉(李珏鳳), 박평래(朴平來), 김안희(金安熹), 정인택(鄭隣澤), 허준(許埈, 육군준장 예편), 장복성

(張福成), 노엽(盧葉), 김안일(金安一, 육군준장 예편), 김창룡(金昌龍, 육군중장 추서, 특무부대장 역임), 이진용(李珍鎔), 이한진(李漢晋), 강신탁(姜信鐸), 김영민(金永敏), 김진성(金珍星), 김홍원(金洪元), 서정순(徐廷淳), 석정선(石正善), 이영근(李永根), 이희성(李熺性, 육군대장 예편, 육군참모총장 역임), 전창희(全昌熙), 정순갑(鄭淳甲), 최명재(崔明載), 최영택(崔永澤), 표대현(表大鉉), 이병희(李秉禧), 이세호(李世鎬, 육군대장 예편, 육군참모총장 역임) 등이다. 그 가운데 훗날 국무총리를 역임한 김종필, 육군참모총장을 역임한 이세호 장군과 이희성 장군 등도 그때 정보교육을 받았다. 이세호 장군은 북한군 남침 시 의정부-포천 축선을 담당하는 국군 제7사단 정보참모로 활약했다.

교육장소도 문제였다. 시간이 지나면서 이 문제도 순조롭게 해결됐다. 처음에는 통위부 구내에서 교육을 시키다가 나중에는 남산의 박문사(博文寺)라는 사찰 시설을 활용했다. 박문사란 일제 때 이토 히로부미(伊藤博文)를 추모하기 위해 지금의 신라호텔 구내에 세운 일본 사찰이다. 이곳의 시설을 이용하여 정보교육을 시키게 된 것이다.

이때부터 통위부 정보국에서 전문적으로 신문교육을 받은 요원들이 배출되기 시작했다. 백선엽은 38선에 대한 정보수집 팀부터 만들었다. 이북에서 공산주의 체제를 피해 월남하는 피난민들을 상대로 정보를 수집하려는 것이었다.

38선 정보팀은 황해도에 3개소(옹진·청단·연안), 경기도에 5개소(개성·고랑포·의정부·동두천·전곡), 강원도에 2개소(자은리·주문진) 등 10군데에 배치되어 운용됐다. 정보교육은 점차 체계적으로 진행됐고, 38선상에 배치된 10개 정보팀으로부터 수집된 정보에는 가치 있는 고급정보도 많이 있었다.

이를 통해 북한군이 전차를 보유하고 있고, 중무장 부대와 항공대가 있다는 사실을 알아냈다. 그뿐만 아니라 북한지역의 움직임에 대해서도 더 자세히 알 수 있었다. 이 모든 것이 정보의 힘이었다. 1949년 연말에 육군본부 정보국이 북한군의 군사동향에 대해 비교적 자세히 파악할 수 있었던 것도 모두 이들 정보 덕택이었다.

백선엽은 정보학교 수료생이 늘어나자 예하의 일선부대 정보부서(S-2)에 교육을 받은 정보요원들을 내려 보내기 시작했다. 본격적인 정보체계를 구축해 나갔던 것이다. 당시 각급부대에는 편제에 정보장교(S-2)가 있었지만, 교육을 받은 정보요원이 없었기 때문에 제대로 활동을 하지 못하고 있었다. 우리 군에 체계적인 정보 시스템이 하나씩 제자리를 찾게 됐다. 백선엽 정보국장의 노력이 크게 결실을 보게 된 것이다. 그런 점에서 군의 초창기 정보를 체계화시킨 그의 공로는 매우 크다 할 것이다.

3장

통위부 정보국과
조선경비대사령부 정보처의 통합

통위부 정보국장으로 부임한 지 얼마 후 백선엽은 통위부의 정보국과 조선경비대총사령부(육군본부의 전신)의 정보처를 통합했다. 1948년 8월 15일 대한민국이 건국되는 과정에서 군 조직에 커다란 변화가 있었다. 통위부가 지금의 국방부로 바뀌었고, 조선경비대가 대한민국 육군으로, 조선해안경비대가 대한민국 해군으로 그 명칭이 변경됐다. 그러면서 참모부서의 조직과 기구들도 일부 통합되거나 개편됐다.

정보조직이 여기에 해당됐다. 당시 조선경비대총사령부의 정보처에는 김안일(金安一, 육군준장 예편) 소령이 책임자로 있었는데, 그 정보처가 통위부 정보국에 흡수되어 통합됐다. 이후 이 두 기구는 육군본부 정보국으로 다시 이름이 바뀌었다. 국방부에는 정보기능이 사라지고 육군본부에 그 기능을 살리게 된 것이다. 그런 상태에서 6.25전쟁을 치르게 됐다.

백선엽은 두 기구를 통합한 뒤 본격적인 정보체계를 위해 노력했다. 정보국 산하에 전투정보과, 방첩과, 첩보과, 정보학교를 설치하여 운영했다. 방첩과는 김안일 소령을 책임자로 하는 특수조사대(Special Investigation Corps, SIC)로 출발하여 뒷날 방첩대(Counter Intelligence Corps, CIC)가 되었다가 보안사령부(保安司令部)를 거쳐 오늘날의 기무사령부(機務司令部)로 발전했다. 계인주(桂仁珠, 육군대령 예편) 중령을 책임자로 하는 '대외정보과 (Headquarters of Information Detachment, HID)'는 첩보과가 되었다. HID는 지금의 정보사령부의 전신이다. 이렇게 해서 정보 분야가 하나씩 체계를 잡아가기 시작했다.

정보국 산하의 이 조직들은 뒷날 숙군(肅軍)작업에서 큰 역할을 하게 된다. 군내에 만연한 좌익조직을 도려내라는 이승만 대통령 명령이 떨어졌을 때 그 조직을 효과적으로 이용해 명령을 수행할 수 있었다. 그랬기 때문에 6.25 전쟁기간 군은 집단투항 등과 같은 이적행위를 미연에 방지하고, 전투력을 온존(溫存)할 수 있었다.

4부

반공군대 건설에
앞장서다

1장

여순 10.19사건을 진압하다

　백선엽이 육군본부 정보국장 시절에 겪은 제일 큰 시련은 여순 10.19 사건이었다. 정부수립 2개월 후인 1948년 10월 19일에 일어난 이 사건은 신생 대한민국의 역량을 시험하는 커다란 사건이었다. 군내의 남로당 조직이 조직적으로 반기를 들고 일어나 전라남도 여수와 순천 두 도시를 잠시나마 '인공치하'로 만든 반란사건은 대한민국에 대한 선전포고나 다를 바 없었다.

　사건은 이랬다. 여수에 주둔하고 있던 제14연대 제1대대가 제주 4·3 사건 잔당들을 토벌하기 위해 제주도로 출동하게 됐다. 이때 제14연대에 침투해 있던 남로당의 지창수(池昌洙) 상사와 김지회(金智會) 중위, 홍순석(洪淳錫) 중위 등이 주동이 되어 반란을 일으켰다. 사건은 10월 19일한밤중에 여수 주둔 제14연대 영내(營內)에서 일어났다.

그 다음날 국방부에서는 이에 대한 긴급 대책회의가 열렸다. 철기(鐵驥) 이범석(李範奭) 국방부장관이 주재한 회의에 채병덕(蔡秉德) 국방참모총장 (합참의장에 해당, 1949년 폐지), 정일권 작전참모부장(참모차장에 해당), 백선엽 정보국장, 그리고 미군 측에서는 미 군사고문단(KMAG) 단장 윌리엄 로 버츠(William Roberts) 준장, 육군총사령부(육군본부 전신)의 미 고문관 제임 스 하우스먼(James Hausman) 대위, 정보국 고문관 존 리드(John Reed) 대 위 등이 머리를 맞대고 대책을 논의했다. 회의에서는 정보 부족으로 마땅 한 대책을 마련하지 못하고, 우선 사태의 시급성을 고려하여 채병덕 국방 참모총장이 선견대(先遣隊)를 인솔해 현지에 내려가서 수습대책을 세우는 것이 좋겠다는 결론을 내렸다.

이범석 장관과 로버츠 장군을 제외한 회의 참석자 전원이 김포비행장 에서 C47 수송기를 타고 광주로 날아갔다. 현지의 진압작전이 순조롭 게 진행되지 않고 있었다. 사태의 심각성을 확인한 채병덕 국방참모총장 은 그날 오후 서울로 올라오고, 육군총사령관 송호성(宋虎聲) 준장이 토 벌사령관에 임명되어 광주로 내려왔다. 그는 한신(韓信), 박정희(朴正熙), 김점곤(金點坤) 등 사령부 참모들을 대동하고 왔다.

국방부 명령에 따라 송호성 사령관은 대전의 제2연대, 군산의 제12연 대, 마산의 제15연대 등 가까운 곳에 주둔 중인 부대를 순천으로 출동시켰다. 제12연대 병력을 이끌고 온 지휘관은 부연대장 백인엽 소령이었다. 주한 미 군사고문단 광주지부에 토벌군 지휘본부가 설치됐다. 반군 토벌을 위한 통합지휘권은 신임 제5여단장에 새로 임명된 김백일 대령에게 주어졌다. 관할구역에서 일어난 사건이니 그럴 수밖에 없었다.

그러자 대전에서 병력을 이끌고 온 원용덕 제2여단장이 이의를 제기하고 나섰다. "경력으로 보나 나이로 보나 내가 선임이고, 토벌작전 동원 병력도 내 휘하 부대가 주력인데, 왜 김백일의 지휘를 받아야 하느냐?"며 항변했다. 입장이 난처해진 백선엽이 중재에 나섰다. 원용덕 대령에게 전화를 걸어 "사태가 수습되면 원래 위계대로 환원될 테니 작전 기간 동안만 잘 협조해서 빨리 수습하는 게 좋지 않겠느냐."고 사정했다. 김백일 대령에게도 "서로 잘 협조해 일을 원만히 수습해 달라."고 부탁했다. 이렇게 해서 간신히 사태를 수습했다.

반군 토벌에 가장 중요한 것은 정보였다. 이를 위해 백선엽은 육군항공대 장성환(張盛煥, 공군참모총장 역임) 중위가 조종하는 L-4 비행기를 타고 순천 상공에서 내려다보니 교외에 포진한 아군 부대는 시내로 진격할 기미가 보이지 않았다. 공산반군 진영의 움직임도 특별한 것이 없었다. 그는 지금이 공격의 적기라고 판단하고, 넥타이를 풀어 만년필로 "지금 공격을 개시하라."고 써서 지상에서 작전하고 있는 진입군에게 던졌다. 그러나 추수철에 카키색 넥타이가 눈에 띄지 않았는지 아무런 반응이 없었다.

이번에는 입고 있던 와이셔츠를 벗어 주머니 위에 같은 말을 써서 던졌다. 색은 같지만 큰 와이셔츠는 눈에 쉽게 띄었던 모양이다. 진압군의 움직임이 눈에 보였다. 나중에 알게 된 일이지만, 그 와이셔츠를 발견한 부대는 동생 백인엽이 지휘하는 제12연대였다. 공중에서 형이 던져 준 정보를 지상에서 동생이 발견하고 작전을 성공시켰던 것이다. 이것을 보고 이심전심(以心傳心)이라고 했던가!

이렇게 해서 순천을 탈환하고, 이어 반란의 진원지 여수를 탈환함으로써 '여순 10. 19사건'은 일단락지어졌다. 진압군에 쫓긴 공산반군들은 백운산을 통해 지리산으로 숨어들었다. 그렇지만 백선엽에게는 또 다른 임무가 기다리고 있었다. 바로 숙군(肅軍)이었다.

2장

숙군(肅軍)을 위한 준비작업, 국가보안법 제정과 남로당 명단 확보

　여순사건 이후 대구 주둔 제6연대에서도 군내에 침투한 공산세력에 의한 반란사건이 일어났다. 여순사건에 영향을 받은 남로당 세포조직이 부대 안의 좌익조직을 사주해 1개 중대병력이 소요를 일으켰다. 그러나 이 사태는 미군이 초기에 잘 대응해 큰 문제 없이 곧 수습됐다.

　공산반군에 의해 자행된 여순사건을 경험한 정부에서는 특단(特段)의 대책이 필요했다. 공산세력에 강력히 대처하기로 했다. 먼저 군대 내에 침투한 남로당 세력부터 제거해야 했다. 그러기 위해서는 이들을 처벌할 법안을 마련해야 했다. 그렇게 해야만 신생 대한민국을 공산세력으로부터 보호할 수 있었다.

　그렇게 해서 마련된 법률이 국가보안법(國家保安法)이다. 국가보안법은

1948년 12월 1일 제정되어 법률 제10호로 공포됐다. 이로써 대한민국의 자유민주주의 체제를 수호할 법적 근거를 마련하게 됐다. 앞으로 좌익폭동과 같은 내란행위를 막고 신생 대한민국의 기틀을 튼튼하게 하여 자유민주주의 체제를 굳건히 하겠다는 이승만 대통령의 강력한 의지가 반영됐다. 비온 뒤에 땅이 굳어진다는 말은 이를 두고 한 말일 게다.

공산세력에 대한 처벌규정이 마련되자 군에서는 군대에 침투한 남로당 세력에 대한 소탕작전을 벌이게 됐다. 이것이 바로 숙군(肅軍)이다. 우선 여순사건에 가담한 장교들을 중심으로 숙군이 진행됐다. 이때 38선을 함께 넘어왔던 제15연대장 최남근 중령도 남로당에 가담한 혐의를 받고 사형에 처해졌다. 그 뒤를 이어 군내에 침투한 남로당 세력들도 하나둘씩 제거됐다.

이 무렵 백선엽은 우연찮게 군내에 침투한 남로당 조직원들의 명단을 확보하게 됐다. 1949년 2월 어느 날 백선엽 정보국장은 헌병사령관 신상철 중령과 함께 이응준(李應俊) 육군참모총장의 긴급 호출을 받았다. 이응준 총장은, 오늘 로버츠 미 고문단장이 큰 보따리를 하나 주었는데, 그것은 치안국장 김태선(金泰善)이 이승만 대통령에게 보고한 군내에 침투한 남로당 명단이라고 했다. 그것을 받아든 이승만 대통령은 로버츠 단장에게 "당신네들이 군정 때 국방경비대 모집을 잘못해 군대를 이 지경으로 만들어 놨으니 책임지고 처리하라."고 하면서 그 보따리를 로버츠

단장에게 주었다는 것이다.

이응준 총장은 두 사람에게 문제의 서류 보따리를 주면서 "두 사람이 중심이 돼서 비밀리에 숙군작업을 진행시키라."고 지시했다. 보따리를 풀어 보니 군내에 좌익세력이 거미줄같이 침투해 있는 것을 알았다. 대대적인 숙군을 하지 않을 수 없었다.

정보국의 방첩대(CIC)에서는 명단에 들어 있는 혐의자들을 불러 조사하기 시작했다. 혐의자에 대한 체포는 헌병사령부가 맡고, 조사는 정보국에서 담당했다. 정보국과 헌병사령부가 서로 역할을 분담하여 처리한 것이다. 조사 진행과정에서 잡혀 온 혐의자들이 너무 많아 영등포에 있던 창고중대(倉庫中隊)를 개조해 구치소로 사용했다.

3장

숙군을 통해 군내에 침투한
남로당 세력을 척결하다

숙군작업은 정보국이 전담하여 처리했다. 김안일 방첩과장이 주도하고, 제1연대 정보주임 김창룡(金昌龍, 육군중장 추서, 방첩대장 역임) 대위의 보좌로 빠르게 진행됐다. 조사관으로는 김진각, 이각봉, 박평래, 김안희, 정인택, 허준, 장복성, 노엽, 이진용, 이한진(李漢晉), 빈철현(賓哲顯) 등이 참여했다. 최근 정보교육을 받은 유능한 장교들이었다. 정보학교 설립 후 실시한 정보요원 양성과 정보교육이 이렇게 빨리, 그리고 긴요하게 쓰일 줄은 미처 몰랐다.

숙군 선풍이 불기 시작하자 서울 명동에 있던 육군본부 별관(구 증권거래소) 건물은 하루아침에 전군의 이목이 집중됐다. 그 건물 2층에는 혐의자를 잡아들이는 헌병사령부가 있었고, 3층에는 정보국이 있었으니 그럴 수밖에 없었다.

　조사관들의 애국심과 공명심 때문에 다소 무리한 조사가 있었던 것은 사실이지만, 단기간에 그 많은 혐의자들의 흑백을 가려내려 하다 보니 불가피한 측면도 있었다. 혐의자 이름이나 조직, 또는 동조자나 참석자 이름 등이 사실대로 적혀 있는 것이 아니라 암호명으로 된 것도 있고, 가 명도 많아 진실을 밝혀내기가 여간 어려운 일이 아니었다.

　흑색선전도 있었고, 유언비어도 횡행했다. 빨리 조사를 결말(結末)내라 는 상부의 독촉도 만만치 않았다. 우여곡절 끝에 1949년 봄 명단에 수 록된 혐의자와 연루자에 대한 조사를 일단 마쳤다. 이제는 처벌 수위를 정할 단계였다. 좌익단체나 남로당 가입 혐의로 연행되어 조사를 받은 사람은 무려 4,749명에 달했다. 이는 당시 군 병력의 5퍼센트에 해당되 는 엄청난 숫자였다.

　이들을 다 처벌할 수는 없는 일이었다. 정책적인 판단이 필요했다. 그 래서 이 일을 이응준 총장과 상의했다. 최대한 공정한 조사를 한다고 했 으나, 혹시 조사과정에서 억울한 사람이 있을지 모르니 총장께서 혐의자 들을 면담해 보고, 이에 대한 단안을 내려 달라고 건의했다.

　이응준 총장은 이를 흔쾌히 받아들이고 혐의자들이 갇혀 있는 서울 영 등포의 창고중대 구치소로 가서 그들을 면담했다. 이응준 총장은 조사 내용에 대해 이의가 있는지를 묻고, 그들의 하소연도 청취했다. 그렇게 열흘 가까운 면담 끝에 처벌지침이 결정됐다.

이응준 총장은 주모자와 적극적인 가담자, 좌익활동 전력이 있는 사람들은 군법회의에 넘기고, 소극적인 가담자나 부화뇌동한 사람들은 군복을 벗기는 정도로 처벌한다는 방침을 세웠다. 따라서 법정에서 사형과 징역 등 처벌을 받은 사람은 얼마 되지 않았고, 연행자의 90퍼센트 이상이 불명예제대를 하는 것으로 종결됐다.

이때 군법회의에서 사형선고를 받고 형장의 이슬로 사라진 사람 가운데는 백선엽과 함께 북에서 월남한 최남근 중령도 있었다. 현역 연대장의 사형은 커다란 충격이었다. 그만큼 그 당시는 국가적으로나 군사적으로 혼란의 시기였다. 그나마 다행스러운 것은 6.25 이전에 숙군을 통해 군내에 침투한 공산세력을 척결했다는 것이다.

4장

숙군을 통해 반공국가, 반공군대를 구축하다

여순사건으로 촉발된 숙군작업은 신생 대한민국에게는 불행 중 다행이었다. 이를 계기로 대한민국과 군은 반공국가 및 반공군대로 확고히 자리 잡게 됐다. 군내에 침투한 그 많은 좌익세력들을 그때 완전히 뿌리를 뽑지 않았다면 6.25전쟁 때 대한민국의 운명이 어떻게 되었을까를 생각할 때 모골(毛骨)이 송연(竦然)해진다.

이들 공산세력과 조직이 군내에 온존하게 남아 있다가 남침해 내려온 북한군에 합세했더라면 어떤 일이 벌어졌을지는 가히 상상하기 어렵지 않을 것이다. 김일성이 모스크바를 방문하여 남침을 승인해 달라면서 남한 내에는 남로당 20만 명이 있다고 장담했던 것도 이를 두고 한 말이었을 것이다. 그런데 우리 정부와 군은 이들을 모두 소탕했으니 이 얼마나 다행스러운 일인가!

국공내전(國共內戰)에서 장제스(蔣介石)의 국민당 군이 마오쩌둥(毛澤東)의 공산당에게 쉽게 무너진 가장 큰 원인이 바로 군내에 침투한 공산당의 책동이라는 것은 역사가 말해 주고 있다. 아무리 우수한 무기와 장비로 무장하고 있으면 무엇을 하겠는가. 마오쩌둥의 공산군과 만나면 싸워 보지도 않고 집단으로 투항하는 사례가 비일비재하던 장제스의 군대가 어떻게 싸워 이길 수 있을 것인가. 결국 중국의 국공내전을 통해 전투력은 무기와 장비뿐만 아니라 사상무장도 중요하다는 교훈을 얻을 수 있다.

우리 군 내에 좌익세력이 그토록 무성하게 뿌리를 내릴 수 있었던 것은 미군정 시기 미군이 국방경비대원 모집을 너무 허술하게 한 탓이었다. 각 지역에 연대를 창설하면서 사병들을 모집할 때 미군 고문관들은 충성서약만 받고 바로 입대시켰다. 이른바 미군은 어느 쪽에도 기울지 않는다는 불편부당(不偏不黨)의 원칙에 따라 아무런 사상검열 없이 신체검사와 구두시험만으로 장병들을 모집했다.

이 때문에 미군정 시기 좌익활동 혐의로 경찰에 쫓기던 사람들이 쉽게 군대에 들어올 수 있었다. 국방경비대가 좌익세력들의 은신처 역할을 했던 것이다. 광복 직후 미군정 하에서 해산된 좌익계 사설 군사단체의 회원들도 대거 군대에 침투했다.

이들은 육군의 모체였던 국방경비대 안에서 비밀리에 종횡으로 세력을 키우는 한편, 보급과 진급에 불만을 품은 장병들을 부추기며 크고 작은 사건들을 일으켰다. 그 중 제일 큰 사건이 여수 주둔 제14연대에 침투한 남로당 세력이 주동이 되어 일으킨 여순 10.19사건이다. 그 결과 실시된 숙군을 피하기 위해 육군사관학교 제2기 출신인 제8연대 대대장 강태무(姜太武) 소령과 표무원(表武源) 소령이 부대원들을 이끌고 집단으로 월북했다. 해군에서도 좌익분자에 의해 통천호와 고원호가 월북했고 미 군사고문단장 로버츠 장군의 전용요트까지 납북되는 사태까지 벌어졌다. 공군에서도 연락기가 좌익분자에 의해 북으로 넘어갔다.

오죽했으면 참다못해 이승만 대통령이 군 수뇌부에게 "내 손으로 임명한 육군총장과 해군총장들이 김일성 군대만 도와주고 있으니 어떻게 된 일이냐? 동해에서는 태극기가 올라가고, 서해에서는 성조기가 올라가고 있으니, 이래서야 되겠는가!"라며 호통을 쳤다. 그런 후 이승만 대통령은 군내에 침투해 있는 빨갱이들을 철저히 색출하라고 지시했다.

이런 모든 것들은 6.25전쟁 이전에 벌어졌다. 우리 군은 숙군작업을 통해 이들을 깡그리 소탕함은 물론, 대한민국의 자유민주주의 체제를 공고히 할 국가보안법을 제정하여 반공국가와 반공군대의 기틀을 마련하게 됐다.

그런 시대적 아픔이 있었기 때문에 6.25전쟁 당시 국군이 열세한 무기와 장비 그리고 중과부적(衆寡不足)이라는 열악한 전장 환경 속에서도 굽히지 않고 싸울 수 있었던 것이다. 특히 후퇴할망정 결코 불리하다고 해서 북한군에 부대단위로 집단 투항하는 사례가 단 한 건도 발생하지 않았다는 것은 대한민국에게는 커다란 행운이었다.

5부

전쟁영웅으로
역사에 우뚝 서다

1장

임진강 방어선에서
수도 서울의 조기함락을 막아내다

백선엽 장군에 대해 일부 사람들은 운이 좋은 군인이라고 한다. 물론 그에게도 운이 따랐던 것은 사실이다. 하지만 더욱 중요한 것은 만일의 사태에 대비해 미리 준비했던 것이 다른 사람들의 눈에는 운이 좋은 것으로 비쳐졌던 것이다. 그는 평소에 다른 사람에 비해 전쟁에 대비해 많은 노력을 했고, 그 결과가 전쟁과정을 통해 좋게 나왔던 것이다.

북한군의 남침 초기 백선엽이 지휘하는 서부 축선의 제1사단이 4일간 버텨 냈던 것도 사전 전쟁에 대비한 그의 노력의 결과였다. 세상에 공짜는 없다고 한다. 노력 없이 그저 얻어지는 것은 이 세상에 아무것도 없다. 전쟁 초기 백선엽의 제1사단이 잘 싸운 것도 이런 맥락에서 보아야 할 것이다. 그는 제1사단장에 보직되자마자 책임지역을 다니며 유사시(有事時)

사단 실정에 맞는 방어대책을 강구했다. 실제로 전쟁이 일어났을 때 그의 예상은 적중했고, 그런 연장선상에서 전차를 앞세운 북한군을 공격을 효과적으로 저지할 수 있었다.

백선엽 대령이 서울의 서쪽 관문인 장단-개성-문산 축선을 담당하는 제1사단장에 부임한 것은 6.25전쟁이 일어나기 불과 2개월 전인 1950년 4월이었다. 사단장 부임 직후 그는 전선을 돌아보면서 방어계획을 점검하고 문제점을 발견했다. 38선을 따라 일렬로 전개된 전선의 부대 배치에 의구심을 갖고, 유사시 임진강을 연해 저지선을 구축하는 것이 훨씬 더 효과적이라고 판단하고, 이를 작전계획으로 발전시켰다.

이때 사단 예하의 일부 지휘관들과 참모들은 이러한 사단장의 조치에 대해 중요 도시인 개성(開城)을 포기하는 것이라며 반대했다. 그러나 백선엽 사단장의 판단으로는 90킬로미터에 달하는 사단 정면을 보병 3개 연대로 커버한다는 것은 그 실효성이 의심될 수밖에 없었다.

6.25전쟁 이전 제1사단은 38선에 배치된 4개 사단 중 38선의 서부지역을 맡은 좌익(左翼)사단으로, 그 책임지역은 황해도 청단(靑丹), 연안(延安), 배천(白川)을 거쳐 경기도 개성, 장단(長湍), 고랑포(高浪浦), 적성(積城)에 이르는 90킬로미터의 광범위한 정면을 수비하고 있었다. 1개 사단이 감당하기에는 너무나 넓은 지역이었다.

종심(縱心)이 깊지 않으면 한 번 상황이 벌어졌을 때, 제대로 힘 한번 쓸

수 없는 것이 전쟁의 원리다. 만일 북한군이 공격해 내려온다면 반드시 통과하지 않을 수 없는 임진강 길목을 확보해야 했다. 경의선 철도와 연해 있는 도로와 임진강을 건너기 쉬운 지역에 대한 경계태세 강화가 필요했다. 이를 위해 방어정면을 30킬로미터 정도로 축소시키고 꼭 필요한 곳에 병력을 증강시켜야 했다.

경의선 철도가 지나가는 지역과 임진강 남안의 진지 구축을 서둘렀다. 상급부대에 예산을 달라고 해도 줄 수 있는 형편이 못 된다는 것을 알고 병력을 동원해 호를 팠다. 공사 진척이 느려지자 파주 군수와 해당지역 면장들을 찾아다니며 진지공사 협력을 요청했다. 중·고등학교 학생들이 동원됐다. 지금처럼 철근이나 시멘트 같은 공사 자재는 엄두도 내지 못할 때라 방어선을 따라 허리 정도 깊이로 교통호를 만들었다.

주진지는 임진강 돌출부 남쪽에 자리 잡은 파평산(坡平山)에 두었다. 파평산 기슭에 주진지를 두어야만 유사시 임진강을 건너 남하하는 적에게 효과적인 타격을 가할 수 있다고 판단했다. 주진지가 돌파당할 경우에 대비해 예비진지도 구축했다. 임진강 전선이 무너지면 서울은 바로 뚫리게 되어 있다. 경의선 철길이 한번 방향을 틀었다가 남하하는 봉일천(奉日川) 마을 북쪽의 야산 기슭에 예비진지를 구축했다.

그 다음 조치는 인천에 주둔하고 있는 예비연대인 제11연대를 사단책임지역으로 옮기는 일이었다. 당시 인천에 있던 제11연대는 미군이 주둔

했던 퀀셋 막사에서 생활하고 있었기 때문에 부대이동을 싫어했다. 그러나 유사시에 대비하여 제11연대를 수색에 있는 사단사령부 옆에 마련한 임시 천막막사로 이동시켰다. 이 참에 사단의 전방 지휘소도 문산 남쪽, 옛 파주 군청이 있던 파주읍 파주국민학교에 설치했다. 그리고 군청 앞 산 위에 전망대도 만들어 북쪽 전선의 상황을 한눈에 파악할 수 있도록 했다.

전쟁이 일어나자 전투양상은 백선엽이 사전에 예상했던 대로 전개됐다. 백선엽은 예비연대인 제11연대를 임진강 남쪽 방어지역인 문산 돌출부로 보내 적을 효과적으로 저지했고, 제13연대는 파평산의 준비된 방어진지에서 임진강을 도하하여 공격해 오는 북한군을 막아냈다. 가장 위협적이었던 북한군 전차에 대해서는 특공대를 조직하여 저지했다. 사단의 전 장병들이 사단장을 중심으로 일심동체(一心同體)가 되어 북한군을 결사적으로 막아냈다. 그렇게 해서 서울의 서부 축선을 4일간 막아냈던 것이다.

백선엽 사단장이 전쟁 이전 전쟁에 대비한 방어선을 따라 방어계획이나 주진지 및 예비진지에 대한 방어선을 구축하지 않았더라면 개성-문산 축선이 의정부 축선보다 먼저 뚫렸을 수 있는 상황이었다. 그렇게 되었다면 전쟁은 북한이 계획한 대로 1개월 전쟁으로 끝났을 가능성이 컸다. 이처럼 백선엽이 지휘하는 제1사단이 서부 축선을 잘 막아냈기 때문에 이후 한강방어선도, 의정부 축선에서 후퇴하는 국군 병력도 한강 이남으로 안전하게 도하할 수 있었다.

백선엽의 제1사단은 의정부 축선이 뚫리면서 서울이 28일 오전에 북한군에게 함락되자 어쩔 수 없이 한강을 도하하여 시흥지구전투사령부(始興地區戰鬪司令部)가 있는 시흥으로 후퇴하게 됐다. 시흥지구전투사령관에는 김홍일(金弘壹, 육군중장 예편, 제1군단장 역임) 소장이 임명됐다. 김홍일 사령관은 6일 동안 한강 방어선을 지탱함으로써 미 지상군이 개입할 시간을 얻게 했다.

이후부터 백선엽의 제1사단은 한 달 여 동안 300킬로미터에 달하는 기나긴 도보 행군을 통해 낙동강 전선에 이르게 됐다. 그 기간은 사단장 백선엽을 비롯하여 모든 장병들을 정신적이나 육체적으로 거듭나게 했다. 비 온 뒤에 땅이 굳어지는 법이다.

한 달간의 지연전을 통해 제1사단 장병들은 전쟁이 무엇인지를 배웠고, 나라를 지키겠다는 굳은 투지와 인내력도 기를 수 있었다. 기나긴 행군 도중 장병들의 고생은 말로 표현할 수 없을 정도였다. 한여름의 극성스런 모기에 뜯겨 가며 아무 곳에서나 잤다. 보급도 제대로 되지 않아 길가에서 뜯은 풋고추와 푸성귀를 반찬 삼아 아무 것이나 먹었다. 이른바 풍찬노숙(風餐露宿)의 힘든 여정이었다. 여기에 군복은 헤지고 발은 부르텄다. 그럼에도 누구 하나 불평하지 않았다. 묵묵히 싸우고 또 행군하기를 반복했다. 그러면서 쓰러지지 않고 버텨 냈다.

특히 다행스러운 것은 한강 도하 후 2,000명에 불과하던 사단병력이 7,000명으로 늘어났고, 미군으로부터 105밀리 신형 대포도 받았다. 사단장 백선엽 대령은 그동안의 전공으로 육군 준장으로 진급했다. 1950년 7월 하순의 일이다. 비로소 사단의 모습을 갖추게 됐다. 북한군과의 끊임없는 전투와 오랜 행군에도 불구하고 병사들의 사기는 높았다. 사단장 백선엽 장군은 이 대목에서 우리도 이제 싸워 볼 만했다고 회고하고 있다. 그러한 군인정신과 드높은 사기로 싸웠던 것이 6.25전쟁 최대의 분수령이 된 낙동강 전투이다.

2장

낙동강 방어선,
더 이상 물러설 곳이 없다

1950년 7월 말, 미 제8군 사령관 워커 중장은 계속 밀리는 전세를 낙동강 선에서 버틴 다음, 이어 공세로 전환한다는 작전을 구상했다. 이른바 240킬로미터에 달하는 낙동강을 연하는 방어작전이었다. 이제 국군이나 미군으로서는 더 이상 물러설 곳이 없었다. 뒤에는 시퍼런 남해(南海)바다가 도사리고 있을 뿐이었다. 낙동강 방어선은 대한민국의 운명을 결정지을 최후의 보루였다. 북한군에게는 최후의 목표 부산이 코앞에 놓여 있었다. 양측이 결코 양보할 수 없는 곳이었다. 피를 부르는 대격돌이 먹구름처럼 서서히 다가오고 있었다.

국군과 미군은 대한민국의 운명을 가름할 최후의 결전장을 앞두고 마음이 급했다. 이에 따라 미 제8군의 3개 사단과 국군 5개 사단은 낙동강 방어지역을 바삐 점령하지 않으면 안 됐다. 서로 책임구역을 분담하기로 했다. 낙동강이 흐르는 서부의 평양지대는 미군이 맡고, 낙동강에서 동쪽으로 연결되는 산악지역은 국군이 맡도록 했다.

다시 말해서 낙동강 서부지역에 해당하는 낙정리(洛井里)부터 경남 마산(馬山)까지는 미 제25사단, 미 제1기병사단, 제24사단이 차례로 맡고, 낙정리부터 경북 영덕까지 이어지는 동부의 산악지역은 국군 제1사단, 제6사단, 제8사단, 수도사단, 제3사단이 차례로 담당하도록 했다. 이때 전선은 진주-김천-함창-안동-영덕이었고, 함창(咸昌)을 축으로 동쪽을 향한 160킬로미터는 국군이, 남쪽을 향한 80킬로미터는 미군이 담당하게 됐다. 이곳을 지켜 내지 못하면 전쟁이 끝나는 것이다.

그런데 이 무렵 전선에서 예기치 않은 긴급상황이 발생했다. 그것은 호남지방으로 우회기동(迂回機動)한 북한군 제6사단이 진주(晉州)를 함락시킨 뒤 부산의 관문인 마산을 코앞까지 진격해 왔다. 부산이 함락되면 전쟁은 그대로 끝날 수밖에 없었다. 부산은 국군과 미군의 심장이자 허파와 같은 존재였다. 부산을 통해 미군의 병력과 장비 그리고 무기들이 들어오는데, 이곳이 적의 손아귀에 들어가면 더 이상 전쟁을 수행할 수 없게 되기 때문이다. 그래서 북한의 김일성도 전쟁의 최종목표로 부산을 택했던 것이다.

미 제8군 사령관 워커 장군은 긴급처방을 내렸다. 비교적 전투력이 뛰어난 미 제25사단을 마산지역으로 이동시켰다. 최초 낙동강선 방어작전을 구상할 때 미 제25사단은 대구의 관문인 왜관 북쪽에서 국군 제1사단과 경계를 이루는 낙정리까지 맡도록 되어 있었다. 그런데 마산 서부 축선이 위험에 빠지자 우선 급한 불부터 끌 필요가 있었다. 미 제25사단은 하루 만에 사단병력과 장비를 마산지역으로 이동시켜 북한군 제6사단과 가까스로 대치하게 됐다.

미 제25사단의 마산지역 이동으로 국군 제1사단이 미 제25사단 대신 왜관(倭館) 북쪽을 맡게 됐다. 8월 1일, 백선엽의 제1사단은 북으로는 낙정리에서, 남으로는 왜관에 이르는, 장장 42킬로미터에 달하는 낙동강 방어선에서 임시수도 대구와 부산을 사수하기 위해 45일간의 대혈전(大血戰)을 벌이게 됐다. 낙동강의 영웅이 탄생되는 순간이었다. 영웅은 난세에 나온다고 했던가!

낙동강에서 백선엽의 제1사단은 백척간두(百尺竿頭)의 조국을 사수하기 위해 수없이 많은 땀과 피를 흘렸다. 전투는 하루도 빠짐없이 계속됐다. 7,000여 명의 병력으로 종잇장처럼 얇은 방어선을 펴고 있는 제1사단은 3배나 많은 병력과 10배나 강한 화력으로 공격해 오는 북한군을 맞아 매일 사투(死鬪)를 벌여야 했다.

낮에는 그나마 미군의 공중지원으로 버틸 만했으나, 밤에는 대책이 없었다. 8.15 광복절까지 이른바 전쟁을 끝낸다는 목표를 세웠던 북한군은 필사적으로 공세에 나섰다. 제1사단은 사력을 다해 싸우고 또 싸웠다. 인해전술(人海戰術)을 펼치며, 낙동강의 얕은 곳을 골라 떼 지어 몰려오는 북한군을 집중사격으로 막았다. 그때마다 낙동강의 백사장에는 시체가 쌓이고 강물은 피로 붉게 물들었다. 이른바 시체가 산을 이루고 피가 바다를 이루는 시신혈해(屍身血海)가 따로 없었다.

전쟁이 진행되면서 북한군은 잔꾀를 부렸다. 공습이 없는 야간에 가마니와 드럼통으로 물속에 임시 교량을 만들어 이곳을 통해 전차를 도하시켰다. 북한군은 전쟁에 이기기 위해 모든 수단을 동원했다. 그러나 다행스러운 것은 그때 미국에서 신형 대전차무기인 3.5인치 로켓포와 57밀리 무반동총이 지급됐다. 그중에서 3.5인치 로켓포의 성능은 뛰어났다. 이제까지 어떤 대전차무기로도 꿈쩍하지 않던 북한군 전차를 파괴했다. 제12연대가 맨 먼저 적 전차 4대를 파괴하고, 그중 1대를 빼앗았다. 이때부터 사단 장병들의 북한군 전차에 대한 공포증이 사라지게 됐다.

그렇지만 북한군의 공격은 끈질기며 집요했다. 최초 워커 장군이 구상한 낙동강을 연하는 방어선도 한계가 있었다. 더 이상 방어선을 축소하지 않고는 북한군의 공격을 막을 수 없었다. 이것은 제1사단만의 문제가 아니라 낙동강 방어작전에 투입된 미 제8군 전체의 문제였다. 상황이 이렇게 되자 워커 미 제8군 사령관은 최후의 낙동강 방어선을 고려하게 됐다. 그것이 바로 낙동강 방어의 최후 저지선인 'Y'선 방어개념이다.

이를 두고 6.25전사에서는 미 제8군 사령관 워커 중장이 최초로 계획한 낙동강 방어선을 X선, 최후 저지선을 Y선으로 부르게 됐다. Y선은 왜관을 축으로 남으로는 낙동강, 동으로는 포항에 이르는 방어선을 말한다. 이른바 낙동강 최후의 방어선인 '워커라인(Walker Line)'이다.

3장

다부동에서 북한군을 격퇴하고 낙동강 전선을 사수하다

　백선엽은 낙동강 방어선 최후의 결전장으로 다부동 지역을 지목(指目)했다. 그는 Y선 방어개념에 합당한 유리한 지형을 찾아 나섰다. 그때만 해도 작전용 군사지도가 없어 사단사령부로 사용하는 오상중학교 벽에 걸린 '대한민국 전도'를 보고 작전을 구상해야 했다.

　그 지도로는 산과 골짜기를 구별할 수 없었다. 지형정찰에 나설 수밖에 없었다. 지형정찰을 한 결과 대구 북방의 가산산성(架山山城)과 다부동(多富洞) 지역이 눈길을 끌었다. 가산은 팔공산의 서쪽 자락으로 임진왜란과 정유재란 때 왜군(倭軍)을 방어하던 천연의 요새지였다. 더 이상 설명할 필요가 없는 곳이었다.

　그 다음은 다부동이었다. 다부동 북쪽은 유학산과 수암산의 긴 능선이 동서로 뻗어 있어 방어하기에 유리한 지형이었다. 대구까지는 25킬로미터거리다. 대구를 부채꼴로 감싸는 이 능선이 마지막 승부처로서 역할을 하게 되리라 판단했다. 지형정찰을 마친 백선엽은 석주암(石主岩) 참모장과 문형태(文亨泰) 작전참모를 불러 지시했다.

"여태까지 전투 지형은 참모들이 건의하여 잘 선정해 주었다. 그러나 이번만은 내가 직접 정하고 싶다. 이번의 방어선이 최후의 전투가 될지 모르겠다. 가산과 다부동 일대를 정찰하고 방어계획을 세우도록 하라."

그들은 다소 뜻밖의 표정을 지으며 현지 지형을 정찰해 보겠다고 했다. 그리고 서너 시간 후 돌아오더니 "역시 그곳이 가장 좋은 방어선"이라며 만족해 했다. 백선엽은 예하 지휘관들에게 최후 저지선을 설명하고, 다음과 같이 훈시했다.

"이 선이 사단의 최후 저지선이다. 우리가 이 선을 지키지 못하면 대구가 무너지고 그렇게 되면 낙동강 미군 방어선도 붕괴된다. 조국의 운명도 이 선에 걸려 있다. 이 선은 내가 정했다. 성패의 모든 책임은 내가 진다. 부디 성공하여 명예와 기쁨을 함께 나눌 수 있기를 바란다."

이때 다부동을 노리는 북한군도 만만치 않았다. 경부선을 따라 오산, 평택, 천안, 대전, 황간 등지에서 미군 '스미스 특수임무부대(Smith Task Force)'를 비롯한 미 제24사단의 방어선을 뚫고 파죽지세로 남하한 북한군의 주공 제3사단이 제1사단의 정면을 마치 송곳으로 찌르듯 엄습해

왔고, 이화령(梨花嶺)과 조령(鳥嶺)을 넘어온 북한군 제15사단과 제13사단이 여기에 가세했다. 이들의 공격 기세(氣勢)는 다부동을 뛰어넘어 당장에라도 임시수도 대구를 집어삼킬 듯한 모양새였다.

백선엽의 제1사단은 북한군의 정예 3개 사단과 맞서 싸워야 했다. 사단 예하의 제13연대는 낙동강이 내려다보이는 328고지에서, 제11연대는 가산을 포함하여 적 전차 접근로인 천평동 좌우계곡에서, 제12연대는 유학산(839m)과 수암산(519m) 일대에서 횡으로 나란히 포진(布陣)하여 싸울 계획이었다. 그러나 이 작전은 처음부터 차질을 빚었다. 제12연대가 방어진지를 점령하기 전에 북한군이 먼저 유학산과 수암산을 점령함으로써 최후 저지선을 지키는 것이 아니라 반격전(反擊戰)으로 전선을 사수해야 될 어려운 상황에 놓이게 됐다.

유리한 고지를 점령한 북한군은 사단 전 정면에서 쉴 틈 없이 대공세로 나섰다. 김일성은 낙동강에서의 지연으로 '8. 15 광복절에 부산 점령'이라는 목표가 불가능해지자, 목표를 수정하여 '대구 점령의 날'로 삼고 독려하고 있었다. 전투는 날이 갈수록 치열해졌다. 피아가 너무 가까이 대치하다 보니 소총 사격보다 수류탄을 주고받는 혈투가 더 빈번했다. 전투는 밤과 낮을 가리지 않고 계속됐다. 고지 곳곳마다 시체가 쌓이고, 시체를 방패 삼아 싸우는 전투가 전개됐다. 지옥이 따로 없었다.

8월 16일 새벽까지 최후 저지선(Y선) 중 제1사단이 지탱하고 있는 지역은 수암산 일부와 다부동 정도였고, 나머지 전선은 붕괴 직전 상황에서 혼전(混戰)을 거듭하고 있었다. 백선엽 사단장은 상급부대에 증원을 요청했다. 다부동지역의 전선을 주목하고 있던 상급부대에서도 증원부대로 미 제25사단 제27연대와 국군 제8사단 제10연대를 증원했다. 여기에 8월 16일 정오를 기해 사단 방어선의 낙동강 대안, 즉 왜관 서쪽지역에 융단폭격을 실시한다고 했다. 낭보(朗報)가 아닐 수 없었다.

백선엽 사단장도 그냥 있을 수 없었다. 16일 아침, 각 연대에 역습을 명령했다. "우리가 고통스러우면 북한군도 그 이상으로 고통스러울 것이다. 우리는 그래도 인원과 탄약의 보급이 계속되고 있고 공중지원도 받고 있다. 모두 돌격에 나서자."고 했다. 이 반격으로 제1사단은 위기에서 벗어날 수 있었다. 최영희(崔榮喜) 대령이 지휘하는 제13연대는 328고지를 탈환했고, 김점곤 중령이 지휘하는 제12연대는 다부동 서쪽의 유학산 8부 능선까지 빼앗고 산 정상을 향해 돌진했다. 또 김동빈(金東斌) 대령이 지휘하는 제11연대는 가산 능선에 침투한 북한군을 물리치고, 천평동 도로 정면에서도 물러서지 않고 버텼다. 모든 것이 뜻대로 됐다.

8월 16일 낮 11시 58분, B-29 전략폭격기 5개 편대, 98대가 총 900톤에 달하는 3,234개의 폭탄을 퍼부었다. 지축을 뒤흔드는 폭음이 울리기 시작했다. 이 폭격으로 낙동강 서쪽의 약목(若木)과 구미(龜尾) 사이가로 5.6킬로미터, 세로 12킬로미터의 직사각형 구역이 쑥대밭이 됐다.

이 폭격으로 북한군은 커다란 심리적 타격을 입게 됐다. 다시는 병력이나 물자를 집결하지 못했다. 이는 후일 포로 심문 결과 확인됐다. 더불어 북한군의 사기도 이 폭격을 계기로 완전히 꺾였다는 것을 알 수 있었다.

융단폭격 이후 하루 동안 잠잠하던 북한군은 18일부터 단말마적인 공세를 펼쳤다. 동원 가능한 모든 병력과 화력을 집중하여 미친 듯이 덤벼들었다. 전선은 다시 육박전으로 전개돼 수류탄과 총검이 난무하며 일진일퇴를 거듭했다. 수류탄을 너무 던져 어깨가 퉁퉁 부은 병사들이 속출했다. 전사한 전우들의 시신도 치울 틈이 없었다. 그야말로 혼전(混戰)이었다. 그렇게 해서 지켜낸 것이 다부동 전선이다.

전사에서 다부동 전투로 명명된 제1사단의 혈투는 낙동강 전선의 최대 격전으로 알려졌다. 이 전투에는 국군 제1사단뿐만 아니라 미 제27연대와 제23연대, 그리고 국군 제10연대 등 총 3개 연대가 증원되어 싸웠다. 또 미 공군의 성공적인 항공지원과 주변의 주민들까지 참여한 전투였다. 주민들은 지게를 메고 나와 포화를 무릅쓰고 전방고지까지 탄약, 식량, 물, 보급품을 날라 줬다. 그들이 없었으면 도저히 치를 수 없는 전투였다.

매일 주저앉아 울고 싶을 정도의 인원 손실을 입었다. 그러나 후방의 청년 학생들이 자원하여 그 틈을 메워 주었다. 이들은 비록 소총 사격과 수류탄 투척도 제대로 배우지 못하고 전선에 투입됐으나, 실전을 통해 전투를 배워 나갔다. 애국심 없이는 도저히 견딜 수 없는 상황이었다. 그럼에도 그들은 꿋꿋하게 싸웠다.

전투 중에는 신성모(申性模) 국방부장관을 비롯하여 정일권 육군참모총장, 워커 미 제8군 사령관, 미 육군참모총장 콜린스(J. Lawton Collins) 대장까지 사단을 방문하여 전황을 점검하고 격려해 줬다. 그만큼 제1사단의 다부동 전투는 전쟁의 양상을 바꾸고 대한민국의 운명을 결정지을 만큼 중요한 한판 승부였다.

제1사단에 맞섰던 북한군 3개 사단은 괴멸되다시피 했다. 고랑포에서 제1사단을 패배시켰던 북한군 제1사단은 완전히 와해되었고, 북한군 제13사단은 사단포병연대장 정봉욱(鄭鳳旭) 중좌와 참모장 이학구(李學九) 총좌(總佐, 대령계급)가 투항했다. 지휘부부터 무너진 것이다. 서울에 제일 먼저 입성해 김일성으로부터 '서울 근위사단'의 칭호를 받았던 제3사단도 겨우 명맥만 유지했다.

여기서 백선엽의 제1사단은 완전한 승리를 거두었다. 다부동의 승리는 전세 역전의 분수령이 됐고, 북진의 기폭제가 됐다. 아울러 제1사단의 최대 전투는 다부동에서 시작되어 다부동에서 끝을 맺었다고 해도 과언이 아닐 정도로 6.25전사에서 그 차지하는 비중이 매우 크다고 할 수 있다. 이제 제1사단은 인천상륙작전과 함께 내려진 총반격작전에 의해 북진 대열에 합류하게 됐다.

4장

미 제1기병사단을 제치고
평양에 선두 입성하다

백선엽에게 있어 군인으로서 가장 행복하고 보람된 순간은 언제였을
까? 그것은 단연 고향이자 적(敵)의 수도인 평양을 선봉으로 입성하는
순간이었을 것이다. 백선엽은 그랬다. 열세한 기동장비를 갖고 막강한
경쟁상대인 미 제1기병사단을 당당하게 이기고, 평양에 제일 먼저 들어
가는 영광을 차지했으니 말이다.

백선엽은 이때의 순간을 다음과 같이 떠올렸다. 포병 4개 대대 100여
문의 포와 박격포, 그리고 60여대의 전차 지원 아래 보병 2개 연대를 횡대
로 전개하여 평양으로 진격하는 순간을 평생 잊을 수가 없다고 했다. 그
것은 군인으로서는 최고의 무대였다. 그 위용은 어떠한 전쟁영화에서도
흉내 낼 수 없는 일대 장관이었다. 불과 5년 전 고향을 등지고 38선을 넘

은 월남 청년이 이제 어엿한 국군의 장군이 되어 1만 5,000여명에 달하는 한·미 장병을 지휘하여 고향을 탈환하고 있으니, 어찌 그 감회를 필설(筆舌)로 다 표현할 수 있을 것인가! 그야말로 백선엽에게 있어 생애 최고의 순간이었다.

그렇지만 그의 평양 탈환 선봉은 처음부터 순탄한 것이 아니었다. 인천상륙작전 이후 미 제1군단에 편입된 제1사단은 평양탈환작전에서 제외됐다. 미군 사단에 비해 기동력이 훨씬 뒤떨어진 백선엽의 제1사단에게는 군단의 예비로 황해도 지역에 대한 소탕작전 임무가 주어졌다. 당시 상황으로는 당연한 조치였다. 하지만 백선엽은 이를 받아들일 수가 없었다. 어떻게 이럴 수가 있는가 하고 분개했다.

미 제1군단장을 찾아가 담판을 지었다. 그리고 자신이 지휘하는 제1사단을 평양탈환에 참가시켜 달라고 설득했다. 그는 직속상관인 미 제1군단장 프랭크 밀번(Frank W. Milburn) 소장에게 자신의 솔직한 심정을 털어났다. 자신은 임진강 전투 이래 쓰라린 후퇴를 겪은 전우들과 나라를 지키다 전사한 장병들의 명예를 되찾아 주기 위해서라도 제1사단이 반드시 평양탈환전에 참가해야 된다고 강조했다. 또 월남민으로 내려와 국군의 장성까지 된 자신이야말로 고향을 수복하는 데 가장 앞장서야 될 사람이라고 설득했다.

비록 제1사단이 미군 사단처럼 차량은 많지 않으나 대신 주야로 행군

하겠다고 했다. 한국은 산이 험하고, 도로가 나빠 불철주야로 행군하면, 오히려 평양에 먼저 입성할 수도 있다고 말했다. 그는 평양이 바로 자신의 고향이라면서 그 고장 지리를 자기만큼 잘 아는 사람도 없다고 말했다. 백선엽은 그 대목에 이르자 울컥 하는 감정에 겨워 두 뺨에 눈물이 흘러내린 줄도 몰랐다. 그만큼 그는 제1사단의 평양탈환에 몰두해 있었다.

백선엽은 단순히 감정에 호소하는 것이 아니었다. 군인으로서 훨씬 설득력 있게 행동했다. 그는 전략가답게 청일전쟁(淸日戰爭) 때의 일본군 기동계획을 언급했다. 군인에게는 전사만큼 이해가 빠른 것도 없다. 백선엽은 그것을 이용하고 있었다. 그는 자신의 이번 평양 공격작전 계획이 1894년 청일전쟁 때 일본군이 수립한 평양공격과 유사하다고 설명하면서 일본군의 제5사단, 삭녕지대(朔寧支隊), 원산지대(元山支隊) 등 3개부대가 3면에서 평양을 포위 공격했던 전례(戰例)를 설명했다. 그는 자신의 제1사단이 청일전쟁 때 삭녕과 신계를 거쳐 올라간 일본군의 삭녕지대가 맡았던 역할을 하겠다고 했다.

밀번 군단장은 백선엽 사단장이 그저 공명심만 앞세워 평양탈환작전 참가를 요구하지 않는다는 것을 직감적으로 느꼈다. 생각이 여기에 이르자 밀번 군단장도 지도를 펼쳐 놓고 백선엽 사단장의 설명을 진지하게 듣기 시작했다. 그리고 한동안 침묵이 흘렀다. 마침내 밀번 군단장이 적막을 깨고 입을 열었다. "좋다. 백 장군에게 기회를 주겠다. 미 제24사단과 한국군 제1사단의 작전구역을 바꾼다."고 말했다. 그렇게 해서 국군 제1사단이 역사적인 평양탈환작전에 참가하게 됐다.

자칫했으면 평양탈환작전에 국군 사단이 제외될 뻔한 상황에서 구제되는 순간이었다. 이는 백선엽의 군인으로서의 책임감과 애국심 그리고 밀번 군단장의 백선엽에 대한 강한 믿음이 빚어낸 작품이었다. 백선엽도 일이 그렇게 쉽게 성사되자 누구보다 놀랐다. 군단의 작전계획이 그렇게 쉽게 변경될 줄은 미처 예상치 못했기 때문이다. 백선엽은 속으로 쾌재를 부르며 환호를 질렀다.

한번 결정을 내리자 밀번 군단장은 지체 없이 군단 참모장에게 전화를 걸어 "처치(John Church, 미 제24단장) 장군과 백 장군의 작전지역을 변경하라!"고 지시했다. 군단장의 한 마디로 대부대의 작전명령이 바뀌다니 놀라운 일이었다. 회의나 설명도 필요 없었다. 그렇게 해서 백선엽이 지휘하는 제1사단이 미 제1기병사단과 함께 나란히 평양탈환경쟁을 벌이게 됐다. 이는 아무도 예상하지 못한 일이었다. 백선엽의 무한한 애국심과 애향심, 그리고 국군 지휘관으로서의 책임감과 자존심이 일궈낸 쾌거였다.

백선엽의 제1사단과 미 제1기병사단과의 선두경쟁 다툼은 동화 속에 나오는 거북이와 토끼의 경주시합이나 마찬가지였다. 결과는 불을 보듯 뻔했다. 1,000여대의 차량과 72문의 포, 그리고 전차 1개 대대를 보유한 미 제1기병사단에 비해 국군 제1사단은 차량 200여대에도 미치지 못했고, 미군의 지원을 받기는 했으나 제1기병사단에 비할 바가 못 됐다. 비록 나중에 밀번 군단장이 포병과 전차를 대폭 지원했지만 기동과 화력 면에서는 미 제1기병사단에 비해 열세인 것만큼은 사실이었다.

그렇지만 제1사단은 평양탈환작전에 참가한 것만으로도 사기가 충천(衝天)했다. 평양탈환작전 시 제1사단은 "우리는 전진한다!"라는 구호를 외치며 북진했다. 이에 호응하여 제1사단에 배속된 미군들도 "We go(우리도 간다!)"라며 호응했다. 사단 장병들은 주야를 가리지 않고 걷고 또 걸었다. 무거운 배낭에 기관총과 박격포를 어깨에 메고 발이 부르트고 피가 맺혀도 통일의 일념으로 진군했다. 눈앞에 나타나는 북한군의 저항도 대수롭지 않게 이겨냈다. 오로지 평양탈환을 위한 집념뿐이었다.

고랑포에서 평양까지 하루 평균 25킬로미터를 진격했다. 이 속도는 쾌속 진격으로 유명했던 제2차 세계대전 때 대소전(對蘇戰)에서 독일군 기갑부대의 스탈린그라드 침공 때보다 더 빨랐다. 그렇게 해서 미 제1기병사단과의 평양 선두경쟁에서 이겼다. 제1사단은 마침내 최종목표인 평양의 대동교 입구의 선교리 로터리에 도착했다. 그때가 바로 1950년 10월 19일 오전 11시경이었다. 육군본부에서는 이 소식이 전해지자 환호성을 질렀다. 미군 사단이 앞설 것이라는 기대를 깨고 열세한 장비로 무장한 제1사단이 먼저 평양에 도달했으니 그 감격을 무엇으로 표현할 수 있었을 것인가!

이로 인해 미 제1기병사단의 전통에 빛나는 신화가 깨졌다. 미 제1기병사단은 태평양전쟁 시 필리핀의 수도 마닐라와 일본의 수도 도쿄에 가장 먼저 들어갔던 전통의 사단이었다. 미군 사단 중 최정예 사단이었다. 그런 미 제1기병사단이 백선엽의 제1사단에게 평양탈환 경쟁에서 진 것이다. 그것도 열세한 기동력을 갖춘 제1사단에게 말이다. 아무튼 백선엽은 이로 인해 자신을 믿고 작전지역을 바꿔 준 밀번 군단장을 실망시키지 않았고, 그 결과 미군 수뇌부도 국군 사단의 능력과 지휘관들을 신뢰하게 됐다. 6.25전쟁에 숨어 있는 또 다른 쾌거였다.

5장

동생 백인엽 장군에 이어
서울을 재탈환하다

맥아더 장군의 인천상륙작전 이후 한미연합군은 수도 서울을 탈환했다. 1950년 9월 28일의 일이다. 이때 서울 탈환의 주인공 중 한 사람이 바로 제17연대를 지휘하여 한강과 남산을 거쳐 망우리(忘憂里)의 경춘선으로 진격했던 백인엽 대령이었다. 이후 백인엽 대령은 수도 서울을 경비하는 지휘관으로 남아 수도 서울의 치안을 담당하며 이승만 대통령의 두터운 신임을 받았다.

이 전공으로 백인엽은 그해 10월 육군준장으로 진급해 육군본부 정보국장으로 영전했다. 그로부터 약 6개월 후 백인엽 장군의 형인 백선엽 제1사단장이 중공군에게 빼앗긴 서울을 다시 빼앗게 됐다. 한 형제가 주거니 받거니 하며 수도 서울을 두 차례에 거쳐 탈환하는 전공을 세우게 된 것이다. 세계 전사에서 유례를 찾아보기 힘든 일이다.

백선엽은 제1사단장으로서 적의 수도 평양을 제일 먼저 점령하고, 중공군 개입 이후 적에게 빼앗긴 수도 서울을 다시 탈환하는 전공을 세웠다. 단일 전장에서 피아(彼我)의 수도를 점령하고 탈환하는 경우는 극히 이례적인 일이 아닐 수 없다. 그것도 단일 지휘관이 성취한 것은 매운 드문 경우에 해당된다.

백선엽의 제1사단은 1951년 3월 15일 서울 재탈환작전에 돌입했다. 이를 위해 제1사단은 대대 규모 수륙양용차와 고무보트 등 도하장비를 지급받아 도하 및 시가전 훈련을 실시했다. 이어 사단 수색대를 서울에 잠입시켜 적정을 탐지했다. 3월 14일 밤, 제1사단 수색대는 적군이 서울에서 철수하고 있음을 보고했다.

백선엽 사단장은 이를 기다렸다는 듯이 밀번 군단장에게 이 사실을 보고하고, 서울 탈환작전의 개시를 건의했다. 밀번 군단장은 조금도 주저함이 없이 "고우 어헤드!(Go ahead)"라는 짧은 말로 승인했다. 그것은 백선엽이 언제 서울공략을 결심할 것인지를 마치 기다리고 있었다는 듯한 반응이었다. 평양탈환작전에 이은 또 하나의 신화가 탄생되는 순간이었다.

1951년 3월 15일 아침, 제1사단은 차가운 한강 물을 가르며 여의도에서 마포 쪽으로 건넜다. 선두부대인 제15연대가 한강대안에 교두보를 확보하자 전 병력이 무사히 한강을 건너게 됐다. 서울탈환작전을 보기 위해 유엔군사령관 리지웨이 장군, 미 제1군단장 밀번 중장, 그리고 신성모 국방부장관이 강변에 나와 제1사단의 도강을 지켜봤다. 신성모 장관은 감격에 못 이겨 사단장 백선엽 장군을 끌어안고 눈물을 흘렸다.

서울 시가에서는 산발적인 총격전이 있었을 뿐 적의 저항은 경미했다. 무수히 매설된 지뢰가 오히려 장애가 되고 있었다. 서울의 모습은 황량했다. 포격과 폭격으로 온전한 건물은 찾아 볼 수 없었다. 한때 150만 시민이 살던 서울은 순식간에 폐허로 변해 있었다. 곳곳에 끊어진 전깃줄과 전차 동력선이 헝클어진 채 늘어져 마치 거미줄에 갇힌 것 같은 착각을 주었다. 남대문도 손상돼 퇴락한 모습이었다.

서울에 남은 시민은 약 20만 정도였으며 노인과 어린이들, 병약자가 대부분이었다. 이들은 오랜 전쟁에 지쳐 표정조차 없었다. 얼마 전처럼 태극기를 흔든다거나 국군을 열렬히 환영하며 반기는 모습은 찾아보기 힘들었다. 굶주림과 질병, 추위에 지친 시민들의 얼굴은 누렇게 떠 있었고, 행색은 거지와 조금도 다를 바 없었다. 백선엽 장군은 이때를 회상하며 "그 당시 서울 탈환은 한마디로 공동묘지를 탈환하는 것과 비견되는 일이었다."고 말했다. 그만큼 전쟁의 피해가 컸다.

그러다 보니 일주일 후쯤 가진 '서울 반환식'도 시장실에서 몇몇 관리들만 지켜보는 가운데 간단하게 치러졌다. 이기붕(李起鵬) 시장에게 수도 서울을 넘겨주는 간단한 의식이었다. 백선엽은 몇 개월 전에 동생 백인엽 제17연대장이 탈환했던 수도 서울을 다시 되찾았다. 백선엽 형제가 6.25전쟁사에 미친 영향은 그것만 해도 그 공로가 누구 못지않게 크다고 할 수 있을 것이다.

이로부터 얼마 후 백선엽 준장은 소장 진급과 함께 제1군단장으로 영전하게 됐다. 그때가 1951년 4월 15일이다. 준장으로 진급된 지 불과 1년도 안 되어 다시 육군소장으로 진급한 것이다. 그만큼 그의 전공이 드높았음을 상징적으로 보여 준 결과라고 할 수 있다.

6장

국군 최초의
휴전회담 대표를 맡다

1951년 7월 10일, 미국을 비롯한 유엔군 측과 소련과 중국 등 공산
군 측은 휴전협상을 통해 전쟁을 종결짓기로 합의했다. 군사적으로 어
느 한쪽이 완전한 승리를 거둘 수 없다고 판단한 양측은 이제 휴전협상
에 의해 전쟁을 해결하고자 했다. 이른바 명예로운 휴전을 통해 전쟁을
끝내려고 했다.

여기에 대한민국 정부는 절대 반대 입장을 표명했다. 당시 우리 정부의
전쟁목표는 북진통일이었다. 따라서 휴전회담을 달갑게 생각하지 않고
있었다. 여기에는 이승만 대통령을 비롯하여 대한민국 정부와 국회, 심지
어 학생들까지 반대하며 나섰다.

그런데 그런 휴전회담에 제1군단장 백선엽 소장이 한국 측 휴전회담

대표로 선임됐다. 당시 유엔군 측 휴전회담 대표는 5명이었다. 백선엽 장군을 제외한 나머지 4명의 대표는 모두 미군 장성들이었다. 미군은 3성 장군의 수석대표에 육·해·공군의 2성 장군으로 구성됐다. 백선엽 장군도 2성 장군이었다.

백선엽이 휴전회담 대표에 기용된 것은 순전히 미군 지휘관들의 판단에 의한 것이었다. 미군의 입장에서 그만큼 백선엽 장군을 신뢰했다는 증거였다. 그렇지만 백선엽 장군의 입장에서는 곤혹스러웠다. 백선엽이 휴전회담 대표로 선정된 배경에는 리지웨이 장군이 그의 회고록에서 밝히고 있다. 리지웨이 장군은 회고록에서, "동해안 작전 시 제너럴 백(General Paik)을 잘 알고 있던 조이(Turner C. Joy) 제독과 버크(Arleigh Burke) 해군 소장의 추천이 있었다."고 회상했다.

백선엽의 휴전회담 대표 임명은 정상적이지 못했다. 통수권자인 이승만 대통령을 거쳐 내려온 것이 미군 수뇌부에서 이종찬(李鍾贊, 육군중장 예편, 국방부장관 역임) 육군참모총장을 거쳐 내려왔기 때문이다. 그 과정에서 이종찬 총장도 단지 백선엽 장군이 휴전회담 대표로 임명된 사실을 전달하는 역할에 만족해야 했다. 그 당시 휴전회담은 미국에게는 그만큼 비밀스러운 것이었다.

백선엽은 휴전회담 대표 임명 사실을 휴전회담이 열리기 1주일 전쯤에 육군참모총장 이종찬 장군으로부터 들었다. 물론 그전에 밴플리트 미 제8군 사령관이 군단사령부를 방문하여 넌지시 휴전회담이 곧 열리게 될 것이라는 소식을 전하고 갔다. 그리고 중국어를 할 줄 아느냐고도 물었다. 밴플리트 사령관한테 들은 것은 그것이 전부였다. 그로부터 얼마 안 있어 이종찬 총장이 곧 휴전회담이 열리는 데 유엔군 측의 요청으로 백 장군이 한국 측 대표가 됐다고 전달했다.

이종찬 총장은 군단장 직책을 계속 수행하면서 휴전회담 대표도 수행하라고 했다. 대신 휴전회담 대표일을 할 동안에만 부군단장 장창국(張昌國) 준장에게 군단장을 대리 임무를 맡기도록 했다. 그리고 즉시 부산으로 가서 이승만 대통령에게 이를 보고하라고 했다.

백선엽 장군은 군단일을 어느 정도 마무리지은 후인 7월 8일, 경비행기 편으로 부산으로 날아가 경무대를 방문했다. 보고를 받은 이승만 대통령은 대뜸 "100만 명의 중공군이 내려와 있는 마당에 휴전이 말이 되는가. 우리는 통일이 목표야. 지금 휴전하는 것은 국토를 분단하는 것이야. 나는 절대 반대다."라며 불편한 심기를 그대로 드러냈다. 대통령이 강한 어조로 불만을 표시하니 당황했다. 대통령이 반대하는 휴전회담에 한국 대표로 참석해야 되는 상황이 곤혹스러웠다.

순간 백선엽은 대통령에게 자신의 심정을 알릴 필요가 있다고 생각했다. 그래서 대통령에게 "저는 대한민국 군인입니다. 참모총장께서 휴전회담에 참석하라는 연락을 했으나, 각하의 뜻이 그러시다면 참가하지 않겠습니다."라며 단호하게 말했다. 그러자 대통령도 "미국 사람들이 저러니 안 갈 수도 없다. 미국 사람과 협조하는 뜻도 있고 하니 참석하라."고 했다.

처음부터 휴전회담 대표는 내키지 않았다. 더구나 휴전회담 대표로 가면서 우리 정부나 유엔군 측으로부터 이에 대한 임명장도 없었다. 구두명령뿐이었다. 그렇다고 정부로부터 휴전회담에 어떻게 임하라는 특별한 지시도 없었다. 회담결과를 정부나 육본에 보고하라는 지시도 없었다. 다만 휴전회담 중 육본정보국장 김종면(金宗勉) 준장이 찾아왔고, 그 후 김 준장의 안내로 이기붕 국방부장관, 이종찬 육군참모총장, 손원일(孫元一) 해군참모총장, 김정렬(金貞烈) 공군참모총장이 찾아와 격려했다. 그때 이종찬 총장이 육당(六堂) 최남선(崔南善)이 쓴 『조선역사』를 건네면서 "우리나라는 과거에도 임진왜란과 병자호란 등 국난을 당하고 휴전회담과 유사한 강화를 해야 했던 역사가 있는 만큼 역사의식을 갖고 이 회담에 임하라."고 조언했을 정도였다.

그로부터 얼마 후 또다시 이기붕 국방부장관이 찾아와서 "우리 정부 입장으로는 중공군을 한반도에서 몰아내고 휴전을 해야지 현 상태로는 반대"라는 말을 남기고 떠났다. 백선엽은 이승만 대통령의 말과 이기붕 장관의 말을 종합해 볼 때 휴전회담에 대한 자신의 입장을 분명히 해둘 필요가 있다고 판단했다. 그래서 평소 친분이 있는 미국의 휴전회담 대표인 버크 제독에게 "우리 정부가 이 회담에 반대하는데, 자신이 한국 대표로서 계속 회담장에 앉아 있기가 어렵지 않겠는가?"라고 상의했다.

버크 제독은 수석대표인 조이 제독과 상의해 보는 것이 좋겠다면서 조이 제독과의 면담을 권유했다. 조이 수석대표는 백선엽의 설명을 듣고 당황했다. 그는 "공산측은 물론 전 세계가 주목하고 있는 이때에 휴전회담 대표단 안에 불화가 있는 것처럼 알려지면 곤란하다."며 "귀하는 지금 국군이 아니라 유엔군 사령관 리지웨이 장군 휘하에 있다."고 말했다. 이 문제는 리지웨이 사령관에게 보고해 결론을 얻어 줄 테니 그때까지 회담에 참석해 달라."고 요청했다. 그로부터 2~3일 후 이기붕 국방부장관이 이승만 대통령의 친서를 전달했다. 영문으로 된 대통령의 친서에는 "나는 유엔군 측이 대한민국을 분단하는 여하한 협정도 원하지 않으나, 유엔군 측에 협력하여 휴전회담에 계속 참석하기 바란다."는 요지였다. 이로써 어정쩡한 입장에 있던 백선엽의 휴전회담 대표 문제는 해결됐다.

이후부터 백선엽은 휴전회담을 통해 국익에 도움이 될 수 있는 일을 찾아 나섰다. 우선 유엔군 측이 작성한 서류에 잘못 표기된 우리나라 호칭부터 바로잡았다. 이들 문서에는 대한민국을 모두 남한(South Korea)으로 표기하고 있었다. 백선엽은 이를 발견하고 이것을 모두 대한민국(Republic of Korea)으로 바꾸도록 요청해 관철시켰다.

군인으로서 가장 관심을 갖는 것은 휴전선 문제였다. 백선엽은 평양 - 원산선을 주장했다. 공산측이 38선에서의 휴전을 고집하고 있는 것에 반해 백선엽은 오히려 그보다 훨씬 북쪽인 평양 - 원산선을 휴전선으로 제시했다. 적의 무리한 요구에는 역시 무리한 주장으로 맞서야 한다는 뜻이 내포되어 있었다. 더 중요한 것은 그 선까지는 유엔군의 능력으로 충분히 진출할 수 있다는 군사적 판단에서였다.

하지만 워싱턴의 휴전정책을 준수해야 되는 유엔군사령관의 입장에서는 이를 허용할 리가 만무했다. 이에 백선엽은 현 전선에서 휴전하는 것은 한강을 '죽은 강(dead river)'으로 만들기 때문에 적어도 예성강은 확보해야 된다고 주장했다. 그러나 이것마저 유엔군 측은 받아들이지 않았다.

백선엽은 휴전회담에 한계를 느꼈다. 그럴 때 밴플리트 미 제8군 사령관의 지시에 의해 군단이 작전상 애를 먹고 있는 향로봉 작전을 위해 일선에 복귀하여 이를 성공시킨 후 자연스럽게 군단장에 다시 복귀하게 됐다. 차기 휴전회담 한국 대표는 이형근(李亨根) 소장이 맡게 됐다. 이때가 1951년 8월 상황이었다.

7장

지리산 공비를 소탕하고
후방지역을 안정시키다

군단장으로 복귀한 그해 11월, 백선엽은 공비토벌사령관이라는 직책
을 맡아 새로운 임무를 수행하게 됐다. 6.25전쟁을 통해 백선엽의 전투
지휘관 경력은 다양하다. 그는 전선에서 공산군 정규군과의 전투뿐만
아니라 후방지역에서 공비(共匪)들을 토벌하는 비정규전까지 수행했다.
그는 전후방을 누비며 전천후(全天候) 지휘관으로서 맹활약을 펼치며 싸
우고 또 싸웠다.

백선엽이 지리산 공비토벌사령관으로 임명된 것은 1951년 11월 중순
경이었다. 동해안에서 금강산을 바라보는 남강(南江)까지 진출하여 어느
정도 전선을 안정시키고 있을 무렵인 1951년 11월 중순의 어느 날, 이종
찬 육군참모총장으로부터 내일 서울의 미 제8군 사령부에서 밴플리트

사령관과 만나 함께 숙의할 일이 있으니 오라는 전갈을 받았다.

다음날 서울의 미 제8군 사령관실에서 밴플리트 사령관과 미 제8군 참모장 애덤스(Adams) 소장, 미 제8군 작전참모 길먼 머제트(Gilman Mudgett) 대령과 이종찬 총장, 그리고 백선엽 장군이 모였다. 토의 내용은 지리산 일대의 공비 소탕이었다. 밴플리트 사령관은 "백 장군이 게릴라전 경험이 많다 하니 작전을 맡아 주어야겠다. 작전에 차출될 병력은 2개 사단이다. 어느 사단을 선정할지는 귀관의 의견에 따르겠다."고 했다.

그렇게 해서 백야전전투사령부(白野戰戰鬪司令部, Task Force Paik)가 설치되고 사령관에 백선엽 소장이 임명됐다. 작전 명칭은 '쥐잡기(Operation Rat Killer)'로 명명됐다. 그때가 바로 1951년 11월 16일이었다. 백선엽의 제1군단장 후임에는 이형근 소장이 임명됐다.

미군에서 한국군 지휘관의 이름을 따서 부대명칭을 붙인 것은 이때가 처음이다. 백야전전투사령부의 규모는 군단급이었다. 전시에 공비소탕을 위해 군단급 규모가 동원된 것은 처음이었다. 수도사단(사단장 송요찬 준장), 제8사단(사단장 최영희 준장), 당시 지리산 공비토벌 작전을 수행하고 있던 서남지구전투사령부(사령관 김용배 준장), 그리고 전투경찰부대로 편성됐다.

지리산 일대의 공비는 도처에 출몰하고 있었다. 4개도가 만나며 산악이 중첩된 지리산 일대는 이들 공비들의 해방구(解放區)였다. 그만큼 대한민국 후방지역의 안정을 위협하고 있다는 증거였다. 이들 지역에서는 "낮에는 대한민국, 밤에는 인민공화국"이라는 말이 공공연할 정도였다. 이들 공비들의 세력은 만만치 않았다. 당시 공비들은 이현상(李鉉相)을 총사령관으로 하는 남부군단의 주력 약 3,800명이 지리산 일대에 출몰하고 있었다. 여기에 낙동강 전선에서 패배한 북한 정규군과 이남 각 지역의 남로당 조직, 그리고 여순 10.19사건 이후 이곳에 들어온 공비들이 가세하고 있었다. 이른바 공산 빨치산들이었다.

이번 작전의 목표는 광복 이후 장기간에 걸쳐 암적 존재로 버텨온 지리산 일대의 공비들을 단기간에 소탕하는 것이었다. 그래서 공비들이 활동에 제한을 받는 낙엽이 지고 눈이 쌓인 겨울철에 실시하기로 했다. 이들을 소탕하지 않고는 후방지역의 치안도 문제이지만 유엔군의 작전수행에 갈수록 위협적이었다. 그들은 도로와 철도에 대한 기습과 폭파를 통해 유엔군의 보급로인 경부선을 위협하고 있었다.

작전은 치밀하게 전개됐다. 1951년 11월 말 남원에서 운봉으로 가는 길목의 초등학교에 사령부를 설치했다. 사령부에는 미 고문단 60여명과 치안국(治安局)에서 경찰요원들이 합류했다. 미 고문단 선임자인 윌리엄 도즈(William Dodds) 중령은 그리스에서 밴플리트 사령관 밑에서 게릴라전을 수행한 경험이 있는 장교로, 밴플리트 장군이 특별히 보내 준 사람이었다. 치안국에서는 최치환(崔致煥) 경무관이 치안국장을 대리해 왔고,

이성우(李成雨)와 신상묵(辛相默) 경무관이 전투경찰사령관으로 토벌작전에 합류했다. 박병배(朴炳焙) 전북경찰국장을 포함해 각 도의 경찰국장도 토벌적전에 참가했다.

백선엽은 공비토벌작전을 벌임에 있어서 토벌작전 못지않게 민심을 얻는 데 힘을 썼다. 그렇게 해야만 성공할 수 있다고 생각했다. 이에 따라 작전에 참여하는 모든 예하부대에 작전기간 중 절대로 부락 근처에 숙영하지 말 것, 물 한 모금도 그냥 얻어 마시지 말 것, 식량은 여유 있게 지급되니 남는 것은 주민들에게 나눠 줄 것, 저항하는 자 이외에는 절대로 쏘지 말 것 등을 강력히 지시했다. 백선엽의 토발작전의 핵심은 국군이 강하다는 것과 또한 국군이 주민들을 아끼고 애호한다는 것을 동시에 보여 주는 것이었다.

공비토벌작전은 1951년 12월 2일 아침 6시부터 전개됐다. 지리산을 포위한 3만여 병력이 산꼭대기를 향해 포위망을 좁혀 들어갔다. 토끼몰이와 같은 개념이었다. 포위망을 좁혀가며 산골짜기의 가옥과 시설은 모두 소각해 다시는 공비들이 거점으로 이용할 수 없도록 하고 주민들을 구호소로 소개시켰다.

백선엽은 작전이 진행되는 동안 주간에는 거의 정찰기를 타고, 작전부대와 공비들의 움직임을 확인하면서 작전을 지시했다. 상공에서 사령관이 지시하고 지상의 지휘관들이 이를 실행에 옮기는 입체작전이었다. 공비들은 포위망이 좁혀짐에 따라 점점 산정 부근으로 후퇴했다. 이때부터 공군의 활약이 눈부셨다. 각 사단에 배속된 공지(空地) 연락장교가 항공 지원을 요청하면 인근의 사천비행장에서 날아온 무스탕기(F-51) 편대들이 단시간 내에 출격해 쫓기는 공비들에게 기총소사와 폭격을 가했다.

아울러 심리전도 활발히 병행했다. 남원에 방송시설을 갖춘 미군은 공비들에 대한 투항 권유 방송을 밤낮으로 틀었다. 또 각 부대마다 확성기를 메고 다니며 현지에서 육성으로 총을 버리고 자수 또는 투항할 것을 권유했다. 현지 주민들에게도 공비에게 협조하지 말라는 경고방송을 내보냈다. 도쿄에서 인쇄해 온 전단이 넓은 지리산이 하얗게 덮일 정도로 살포됐다. 토벌 기간 중 992만 장에 달하는 전단이 살포됐다.

산 정상까지 이르는 소탕에는 1주일이 걸렸다. 12월 8일부터는 산을 내려오면서 공비들을 토벌했다. 이때 전투경찰부대는 퇴로를 차단한 가운데 포위망을 뚫고 달아나는 공비를 추격하며 토벌했다. 이 작전으로 난공불락을 자랑하던 공비들의 근거지인 지리산은 철저하게 분쇄됐다. 지리산을 용케 탈출한 공비들은 외곽(外廓)의 산으로 숨어들었다. 12월 19일부터는 지리산의 외곽 거점을 소탕했다. 작전의 중점은 쫓기는 공비들에게 시간을 주지 않는 것이었다. 이러다 보니 공비들은 달아나는 데만 급급했고, 귀순자도 약 400명에 달했다.

다음 작전은 1952년 1월 15일부터 시작됐다. 그동안 실시한 1개월

반의 토벌작전으로 공비 조직은 붕괴됐고 근거지는 파괴됐다. 그러나 이현상을 우두머리로 한 남부군단의 지도부는 잔당들에게 지리산으로 재집결하라는 지령을 내린 것으로 탐지됐다. 이에 따라 지리산을 다시 포위해 들어갔다. 분산된 공비를 추격과 매복으로 토벌해 나갔다.

이렇게 되자 주민들의 태도에도 변화가 있었다. 국군을 도와주어도 공비에게 보복당할 위험이 사라졌다고 판단한 것이다. 주민협력에 비례해 전과도 늘어갔고, 전과가 늘어날수록 주민들의 협력도 한층 높아졌다. 이제부터 공비들은 조직적인 저항을 하지 못하고 생존을 위한 투쟁에 들어갔다.

이렇게 되자 백야전전투사령부의 지리산 공비토벌작전도 사실상 막을 내렸다. 작전기간 중 백야전전투사령부에서 올린 전과는 육본 자료에 따르면 사살 5,800명, 포로 5,700여명으로 집계됐다. 미군 자료에는 군경 각 부대가 9,000여명을 사살한 것으로 집계됐다. 최초 지리산에 3,800명, 그 주변 산에 4,000명 이상의 공비들이 활동하고 있는 것으로 추정했으나, 실제 사살 및 포로 숫자는 이 추정 숫자를 훨씬 넘어섰다. 이로써 백야전전투사령부는 짧은 기간에 막대한 전과를 올리고, 후방지역을 안정시킴으로써 소기의 목적을 달성하게 됐다. 이 작전의 성공에 힘입어 백선엽 사령관은 육군중장으로 진급됐다. 1952년 1월 12일, 백선엽장군은 이종찬 육군참모총장, 손원일 해군참모총장과 함께 중장으로 진급했다.

백선엽 장군은 소장으로 진급한 지 불과 8개월 만에 다시 육군중장으로 진급하게 된 것이다. 그때까지 국군의 최고 계급인 중장에 이른 사람은 미국 유학중인 정일권 중장뿐이었다. 이렇게 해서 국군에는 육군중장이 백선엽 장군을 포함하여 4명에 이르렀다.

6부

국군 역사에
새로운 장을 열다

1장

32세로 최연소
육군참모총장이 되다

이승만 대통령은 1952년 7월 22일, 이종찬 육군 참모총장을 돌연 해임하고, 그 자리에 백선엽 제2군단장을 임명했다. 백선엽 중장의 총장 기용은 뜻밖의 인사였다. 당시 백선엽은 군인이 된 이후 육군본부 정보국장으로 약 1년간 근무한 것 외에는 주로 일선 지휘관으로 일관해왔다. 그런 그에게 참모총장직은 갑작스러운 것이었다. 어려움이 많을 것이라는 예감을 지울 수 없었다. 그렇지만 대통령의 뜻이니 받아들일 수밖에 없었다. 32세의 젊은 나이에 참모총장에 임명되었으니 개인적으로는 영광이면서 그 직을 잘 수행할 수 있을지가 걱정됐다.

그런 염려 속에서 백선엽은 제2군단장직을 육군참모차장이던 유재흥(劉載興) 소장에게 인계하고, 이승만 대통령에게 신고하기 위해 서울을 거쳐 임시경무대가 있는 부산으로 갈 계획이었다. 서울에 들른 백선엽은 동숭동에 위치한 미 제8군사령부를 찾아가 밴플리트 사령관에게 이임인사를 했다. 밴플리트 사령관은 그의 영전을 진심으로 축하해 주며 저녁식사를 대접했다. 백선엽의 총장 임명에는 밴플리트 사령관의 추천이 있었을 것이라는 것이 당시의 여론이었다.

여기에 이승만 대통령의 백선엽 장군에 대한 신임도 크게 한몫했다. 이승만 대통령은 백선엽과 백인엽 형제를 모두 신뢰하며 아꼈다. 백인엽 대령이 제17연대장으로 인천상륙작전에 참가할 때 이승만 대통령은 백인엽 대령을 부산경무대로 불러 프란체스카 여사와 함께 식사를 하며 격려했고, 인천으로 출항할 때에는 직접 나와 장도를 빌어 줬다.

백선엽은 낙동강의 다부동 전투, 평양탈환 선봉입성, 서울 재탈환, 휴전회담 대표 등을 통해 백선엽이 잘 싸우는 지휘관일 뿐만 아니라 휴전협상에서 보인 애국심과 군인으로서의 충성심이 이승만 대통령에게 크게 인식됐을 때였다. 그런 점에서 보면 백선엽의 참모총장 임명은 이승만 대통령에게는 자연스런 인사였는지도 모른다.

백선엽은 밴플리트 사령관과의 저녁식사 자리에서 어떻게 하면 참모총장직을 잘 수행할 수 있겠느냐며 자문을 구했다. 서른두 살의 젊은 나이에 참모총장에 임명된 백선엽으로서는, 역전의 노장이자 인생과 전투에서 경험이 풍부한 밴플리트에게 자문을 구하는 것은 당연한 처사였다. 그때

밴프리트 사령관은 정년퇴임을 1년 남겨 두고 있었다. 밴플리트는 한참 동안 생각하더니 백선엽에게 나직하게 말했다. 마치 아버지가 사랑하는 아들에게 하듯이 사랑이 가득 담긴 목소리로 말했다.

"나는 귀관의 전력으로 보아 총장직을 훌륭히 수행할 것이라 믿는다. 다만 말을 많이 하지 말고, 참모와 예하 지휘관들의 말에 귀를 기울이시오. 또 어떠한 어려운 일에 봉착하더라도 조급하게 결론을 내리지 말고, 하룻밤을 잔 다음 결정을 내리시오. 그리고 예스(yes)와 노(no)는 분명히 하되, 사람들 앞에서는 절대 화를 내지 마시오."

밴플리트의 조언은 총장이 될 백선엽에게 가슴으로 다가왔다. 계속되고 있는 전쟁, 복잡한 정치현실, 혼란한 사회의 와중에서 총장이라는 막중한 임무를 수행하는데, 꼭 새겨들어야 할 말이었다. 백선엽은 이 말을 금과옥조(金科玉條)로 삼고 실천해 나갔다. 그가 총장직을 훌륭하게 수행한 데에는 밴플리트의 이런 조언이 있었기에 가능한 일이었다. 그만큼 밴플리트는 백선엽에게 군인으로서 스승이자 인생의 대선배로서의 역할을 해줬다.

1952년 7월 23일, 백선엽 중장은 경남도지사 관사에 마련된 부산 임시경무대에서 이승만 대통령에게 신고를 했다. 대통령은 백선엽의 총장 취임을 축하하면서 "그간 퍽 위태로웠어!"라며 의미심장한 말을 했다. 대통령은 부산 정치파동의 전말을 백선엽 장군이 잘 알고 있을 것으로 생각하고 짤막하게 그런 표현을 썼던 것이다. 그러면서 이승만 대통령은 "참모총장은 대통령의 말을 잘 들어야 하는데……."라며 말끝을 흐렸다.

전후사정을 헤아려 볼 때 대통령의 말뜻은 이랬다. 백선엽이 참모총장으로 부임하기 두 달 전인 1952년 5월 25일을 기해 정부는 공비토벌을 이유로 경남과 전남·북 23개 시군에 계엄령을 선포했다. 그때 원용덕 준장은 영남지구계엄사령관에 임명돼 내각제 개헌에 앞장선 국회의원을 구속하는 등 정치파동의 주역을 맡고 있었다. 국방부장관이 요청한 부산병력 파견을 거부한 이종찬 총장은 우여곡절 끝에 해임됐고, 이종찬 총장에 동조했던 이용문(李龍文, 육군소장 추서, 수도사단장 역임) 작전국장과 김종면 정보국장 등은 좌천됐다. 또 계엄선포를 전후해 이기붕 국방부장관이 해임되고, 신태영(申泰英) 장관이 임명됐다.

당시 이승만 대통령은 국내외적으로 어려운 상황에 직면해 있었다. 전쟁은 대통령이 주장하고 국민들이 염원했던 북진통일이 미국과 유엔군의 휴전정책으로 좌절되고, 국토는 휴전으로 인해 다시 분단될 상태였다. 거기에 미국은 휴전 후 대한민국에 대한 사후 보장책이 없이 휴전을 밀어붙이는 형국이었다. 또 국내적으로는 대통령 선거가 예정되어 있었다.

그런데 당시 야당에서는 대통령 중심제를 폐지하고 내각제 개헌을 시도하고 있었고, 당시 대통령은 국회에서 뽑는 간선제였다. 이승만 대통령은 이런 현실을 감안할 때 국민이 직접 뽑는 대통령 직선제 개헌을 추진하려고 했다. 그 과정에서 이른바 부산정치파동이 빚어졌다. 이승만 대통령의 입장에서는 자칫 잘못하다간 대한민국이 사라질 상황에서 다소 무리가 되더라도 자신이 대통령이 되어 대한민국의 운명이 걸린 휴전을 슬기롭게 극복하고, 전후 복구를 위해 노력하고자 했다.

백선엽 중장이 총장에 임명될 때에는 이런 정치적 갈등이 대부분 해소된 뒤였다. 그때는 이미 대통령 직선제 개헌이 이뤄져 이승만 박사가 제2대 대통령에 당선된 상태였다. 총장 취임 후 백선엽은 정치적 문제보다는 군사적 문제에만 전념하면 됐다. 당장 해결해야 될 일은 전임 이종찬 총장과 미국에서 돌아오는 육군총장을 지낸 정일권 중장의 인사문제였다.

이종찬 총장은 미국 유학을 가는 길로 가닥을 잡았고, 정일권 총장은 이승만 대통령과 미군 수뇌부의 뜻에 따라 사단장으로 내보냈다. 이때 정일권 장군은 군대를 그만두겠다며 초강수를 두었으나, 백선엽 총장의 설득으로 마음을 접고 제2사단장으로 갔다. 육군참모총장을 역임한 3성 장군이 사단장에 임명된 것은 정일권 장군이 처음이다.

이처럼 백선엽 총장은 아무리 어려운 일에 직면하더라도 밴플리트가 충고한 것을 상기하여 순리대로, 그리고 합리적으로 매사를 처리해 나갔다.

2장

국군 최초의 대장으로 진급하다

1953년 1월 31일, 백선엽은 대한민국 국군 최초로 4성 장군인 대장으로 진급했다. 당시는 휴전을 놓고 우리 정부와 미국이 날카롭게 대립하고 있을 때였다. 이승만 대통령은 전후 보장책으로 한미상호방위조약 체결과 국군 20개 사단 증강을 미국에 요구했으나, 미국에서는 국군의 전력증강에 대해서는 긍정적인 반응을 보였으나 한미상호방위조약 체결에 대해서는 달갑게 여기지 않았다. 그러한 때에 이승만 대통령은 전격적으로 백선엽 육군참모총장을 육군대장(陸軍大將)에 임명했다. 대한민국 첫 4성 장군이 탄생한 것이다.

백선엽의 4성 장군 진급은 개인에게는 커다란 영광이었음은 물론이고, 군이나 국가의 입장에서도 그 의미가 큰 사건이었다. 당시 대한민국 육군은 12개 사단이었다. 미군은 병력 20만 명에 대장 1명을 두는 것을 원칙으로 하고 있다고 한다. 그런 점에서 보면 우리 군의 규모도 그 정도의 수준을 유지하고 있었으니 논리적으로는 전혀 틀린 것은 아니다.

그런데 이승만 대통령이 왜 1953년 1월에 백선엽을 대장으로 진급시켰는가에 대해서는 기록이 남아 있지 없다. 이승만 대통령도 이 부분에 대한 회고록을 남겨 놓지 않고 있어 정확한 설명에 대해서는 다소 부족할 수 있다. 하지만 당시의 여러 가지 정황을 고려해 볼 때 백선엽에 대한 대장 진급에 대해서는 두 가지로 정도로 정리해 볼 수 있다.

첫째는 우리 군대의 규모가 4성 장군인 대장(大將)이 나올 수준이 되었다는 것이다. 이는 앞서도 말했지만 당시 육군은 전투사단만 해도 12개 사단이고, 병력도 20만 명을 훨씬 넘고 있었다. 미군 기준으로 20만 명에 1명의 대장이 있다고 했을 때 백선엽의 대장 진급이 전혀 이상한 것이 아니었다. 이것은 미군의 입장에서 볼 때 지극히 정상적인 인사였다. 그런 점에서 백선엽 장군의 대장 진급을 자연스럽게 받아들일 수 있다. 여기에 더 추가한다면 백선엽의 군인으로서 출중한 능력과 미군 지휘관들의 추천, 그중에서도 밴플리트 장군의 강력한 추천이 있었을 것이라는 것을 고려해 볼 수 있다.

둘째는 이승만 대통령의 심모원려(深謀遠慮)에서 나온 전략적 포석의 일환이라는 것이다. 이승만 대통령은 국제정치학을 공부한 대한민국 제1

호 국제정치학 박사이자 미국에서도 알아주는 학자였다. 이승만은 독립운동 시절부터 국제정세를 꿰뚫어 보는 혜안(慧眼)으로 주목을 받았던 대단한 외교가이자 정치적 수완(手腕)이 뛰어났던 정략가(政略家)였다. 그는 재임 중 언제나 미국와의 협상에서 미국보다 한 수 앞서 나갔다. 그는 도움을 받는 입장에서 항상 도움을 주는 미국을 리드해 나갔다. 그것은 바로 이승만의 국제정세를 꿰뚫는 혜안이 있었기에 가능한 일이었다. 이런 차원에서 이승만은 백선엽을 대장으로 진급시켰다. 이승만의 노림수는 미국의 국군의 전력증강을 압박하는 효과가 있었다. 대장 계급에 걸맞은 군의 규모를 맞추라는 의미가 포함되었던 것이다. 또 하나는 유엔군사령관과 미 제8군 사령관의 대장 계급과 동격으로 맞추려는 의도였다. 직책도 중요하지만 중장 계급과 대장 계급은 다르다. 이승만은 군의 위상과 군의 차질 없는 전력증강 차원에서 백선엽의 대장 진급을 서둘렀다고 할 수 있다.

백선엽의 대장 진급은 부산 경무대에서 이뤄졌다. 진급 신고식 자리에서 이승만 대통령과 밴플리트 사령관이 백선엽의 양 어깨에 대장 계급장을 하나씩 달아 주었다. 백선엽 장군이 대장으로 진급하자 정일권 장군은 마음이 편치 않았다. 만주 봉천군관학교 4년 선배에다 전쟁 초기 육·해·공군 총사령관 겸 육군참모총장을 역임하고, 육군중장으로 제일 먼저 진급했던 정일권 장군으로서는 백선엽 장군의 대장 진급에 감회가 새로

웠을 것이다. 누가 보더라도 군의 선임자인 자신이 대장 진급을 해야 했는데 그렇지를 못했던 데에 대해서는 상실감이 컸을 것이다. 그렇기에 백선엽이 대장 진급을 하던 날, 정일권 장군은 밤잠을 이루지 못하고 설쳤다고 유재흥 장군은 회고하고 잇다.

제2군단장으로 있던 정일권 장군은 1954년 2월에 제1군단장으로 있던 이형근 장군과 함께 대장으로 진급했다. 우리나라에 최초의 3대장 시대가 도래(到來)한 것이다. 그러면서 전후 우리 군도 안정을 찾게 됐다. 정일권은 대장 진급과 함께 육군참모총장이 됐고, 이형근 장군은 연합참모본부 총장(현재의 합동참모의장), 그리고 백선엽 대장은 우리 군에서 최초로 창설되는 제1야전군사령관에 임명되어 군의 전투력 향상에 기여하게 됐다.

3장

최초의 야전군사령관에 임명되다

1954년 2월 14일, 이승만 대통령은 육군의 지휘체계 개편에 대비하여 고급 장성에 대한 인사를 단행했다. 정일권 장군이 대장으로 승진해 육군참모총장에 복귀했고, 이형근 대장은 새로 신설된 연합참모본부총장에 임명됐다. 미군은 대장을 승진시킬 때는 진급 서열을 고려하여 하루라도 차이를 두어 진급을 시키는 것이 관례이지만, 정일권 장군과 이형근 장군의 경우에는 같은 날 대장으로 승진시켰던 것이다. 이는 참모총장을 역임한 정일권 장군과 군번 1번인 이형근 장군에게 차등을 두기가 어려워 고심 끝에 내린 이승만 대통령의 결정이었다.

참모총장에서 물러난 백선엽 대장은 제1야전군사령관에 임명됐다. 이에 따라 군단장 인사가 뒤따랐다. 제1군단장에는 김종오(金鍾五) 중장, 제2군단장에는 장도영(張都暎) 중장이 임명됐다. 백선엽은 미 제10군단에서 실시하는 제1군 창설교육에 들어갔다. 당시 우리 군에는 군단보다 상위의 사령부를 가져 보지 못했다. 그렇기 때문에 대부대를 지휘하기 위해서는 경험이 많은 미군으로부터 배워야 했다.

야전군사령부 창설요원에 대한 교육이 끝나 가자 제1야전군사령부가 1954년 5월, 원주에서 정식으로 발족했다. 야전군사령부 예하 군단으로는 제1군단, 제2군단, 제3군단, 제5군단을 두어 중부 및 동부전선을 관할하게 됐다. 4개 군단에 16개 사단을 지휘하게 됐다. 당시로서 세계 최대 규모의 야전군의 하나로서 위용을 갖추게 됐다.

서부전선은 미 제1군단(3개 사단), 국군 제6군단(4개 사단)을 합해 한미 제1집단군단(1st Corps Group)으로 재편됐다. 이것이 나중에 한미야전군사령부의 전신이다. 한미야전군사령부는 1992년에 해체됐다.

백선엽과 함께 제1야전군사령부를 꾸린 참모들로는 부사령관 이성가(李成佳) 소장, 참모장 김웅수(金應洙) 소장과 김점곤 소장, 인사참모 박중윤(朴重潤) 준장, 정보참모 유양수(柳陽洙) 준장, 작전참모 문형태(文亨泰) 준장, 군수참모 최경남(崔慶男) 준장, 고급 부관 방희(方熙) 준장, 포병부장 심흥선(沈興善) 준장과 이상국(李相國) 준장, 공병부장 윤태일(尹泰日) 준장, 병참부장 계창률(桂昌律) 준장, 헌병부장 김득모(金得模) 준장, 비서실장 강관룡(姜官龍) 대령 등이었다.

예하 군단장으로는 제1군단장 김종오(金鍾五) 중장과 백인엽(白仁樺) 중장, 제2군단장 장도영(張都暎) 중장과 함병선(咸炳善) 중장, 제3군단장 강문봉(姜文奉) 중장과 송요찬(宋堯讚) 그리고 오덕준(吳德俊) 중장, 제5군단장 최영희(崔榮喜) 중장과 이성가(李成佳) 소장 등이었다.

군사령부의 주요 참모들은 각 병과 및 행정학교 교장을 역임했던 전문가들이었고, 군단장들도 실전 경험이 많은 데다 미국에서 지휘 참모대학의 군사교육을 이수한 우수한 지휘관들이었다. 백선엽 사령관으로서는 마음 든든하지 않을 수가 없었다.

한편 휴전선 일대에 대한 작전지휘권은 여전히 미 제8군사령부가 갖고 있었다. 당시 미 제8군사령부는 서울 동숭동의 서울대학교 자리에서 용산(龍山)으로 주둔지를 옮겼다. 미 제8군사령부는 제1야전군사령부와 한미 제1집단군단에 대한 작전지휘권을 계속 행사하고 있었다.

육군본부는 제1야전군사령부를 통해 제6군단을 포함한 국군 군단 및 예하부대에 대한 행정과 교육훈련 그리고 군수지원을 담당했다. 제1군사령부에 이어 1954년 7월, 대구에서 제2군사령부가 창설됐다. 초대 사령관에는 강문봉(姜文奉) 중장이 임명됐다. 이로써 전방을 담당하는 제1야전군사령부와 후방지역을 담당하는 제2군사령부 체제가 갖춰졌다.

또한 1954년 7월에는 대전에 교육총본부를 창설해 육군사관학교와 육군대학을 제외한 대부분의 병과·기술·행정학교를 총괄케 했다. 이로써 육군은 오늘날의 전방을 담당하는 야전군사령부, 후방을 담당하는 제 2군사령부, 그리고 교육기관을 총괄하는 교육총본부를 운영하게 됐다. 육군이 비로소 현대적인 군대로 골격을 갖추게 된 것이다.

백선엽은 사령관 재직 시 사단기동 훈련을 비롯하여 지휘소 훈련, 장병 급식문제, 후생문제 등에 관심을 갖고 집중적으로 발전시켰다. 군사령관 재직 중 가장 곤혹스러웠던 것은 특무부대장 김창룡 장군의 저격사격에 대한 재판장을 맡은 것이다. 어제의 전우를 법정에 세우고 이를 처벌해야 되는 그로서는 보통 곤혹스러운 것이 아니었다. 더구나 정일권 장군과 강문봉 장군이 연루되자 문제는 더욱 확대됐다. 이는 개인의 우발적 범행이 아니라 최고위급 장성들까지 연루된 조직적 범행으로 드러남에 따라 자칫 사건을 잘못 다룰 경우, 군이 분열되어 파탄 나는 사태에까지 이를 수 있는 민감한 문제였다. 이처럼 민감한 사건은 그 처리과정에서 자칫 잘못했다가는 오히려 더 큰 사건으로 번지게 할 수도 있었다. 따라서 모든 관심은 누가 재판장을 맡게 될 것인가에 맞춰졌다.

결국 백선엽이 군의 최선임으로서 이 사건의 재판장을 맡게 됐다. 이형근 참모총장은 백선엽 장군에게 "군 최고 선배의 한 사람으로 재판장을 맡아 달라."고 했다. 전후사정을 모르는 바는 아니었으나, 백선엽은 이를 극구 고사했다. 일이 이렇게 되자 이승만 대통령까지 나섰다. 백선엽을 직접 불러 "재판장을 맡아 이 사건을 처리하라."고 당부했다. 군 통수권자의 하명까지 거스를 수는 없었다. 그렇게 해서 백선엽 사령관이 김창룡 사건의 재판장을 맡게 됐다.

이 사건은 54차례의 공판 횟수와 총 2,256시간이 소요됐다. 충분한 조사와 심리를 마쳤다. 한 점의 오해와 의구심이 없도록 했다. 그리고 1957년 4월 17일, 판결을 내렸다. 강문봉 중장에게는 사형이 선고됐다. 판결문은 심판관인 강영훈 중장이 기초해 고원증(高元增) 법무사가 작성했다. 판결 이틀 후 이승만 대통령은 김용우(金用雨) 국방부장관이 재판 확인 절차를 밟기 위해 경무대를 찾아 가자 강문봉 중장의 형량을 무기징역으로 한 단계 감해 줬다. 군의 발전과 전시 전공을 고려해서다. 이로써 사건은 일단락됐고, 군은 깊은 상처를 입었지만 공정한 재판으로 빨리 안정을 찾게 됐다. 이 또한 백선엽의 공정하면서도 온후지정(溫厚之情)에서 나온 최상의 결과였다.

7부

한미연합작전과
한미동맹에 초석을
놓고 발전시키다

1장

최초의 한미연합작전를
실시하고 발전시키다

　백선엽이 우리 군에 미친 가장 커다란 공헌 중 하나는 한미연합작전을 실시하고 발전시켰다는 점이다. 그는 전쟁 이전인 부산 제5연대장 시절 이미 미군과의 연합작전을 실시한 바 있다. 물론 규모는 대대급 규모에 미군 장갑차 동원된 훈련이었으나 이는 최초의 한미연합훈련이라는 점에서 그 의미가 크다. 이는 6.25전쟁 때 백선엽이 미군과 함께 자연스럽게 한미연합훈련을 실시하는 데 많은 도움을 줬다.

　1947년, 백선엽은 미 제6사단의 지원을 받아 한미연합훈련을 실시했다. 제5연대는 1947년 가을부터 부산에 주둔하고 있는 미 제6사단으로부터 미군 무기에 대한 교육을 받고, 1948년부터 M1소총, 카빈소총, 기관총, 박격포 등을 지급받았다. 그때까지 우리 군은 일본군의 99식 소총

이 주를 이루었고, 구령도 미국 또는 일본식을 우리말로 직역한 것을 사용하던 시기였다. 그런 제5연대가 1947년 가을, 미 제6사단의 장갑차 20여대가 참가한 가운데 김해평야에서 대대기동연습을 실시했다. 한미 최초의 합동군사훈련이었다. 이 훈련에는 당시 국방경비대사령관 송호성(宋虎聲, 6.25전쟁 때 납북)과 미 제6사단장 워드 소장이 참관해 격려했다. 이것이 한미 최초의 연합훈련이었다.

6.25전쟁이 발발하자 백선엽에게는 한미 간 연합작전을 실시할 기회가 자주 찾아왔다. 우리 육군 중에서 전시에 가장 많이 그리고 가장 실질적으로 한미연합작전을 실시한 지휘관이 바로 백선엽 장군일 것이다.

전쟁 중 최초의 한미연합작전은 경북 상주의 화령장에서였다. 때는 1950년 7월 중순이었다. 한미연합군이 지연전을 전개하고 있던 7월, 백선엽의 제1사단은 미 제25사단 제24연대 그리고 국군 제17연대와 함께 갈령(葛嶺)을 넘어오는 북한군 제15사단을 저지하는 임무를 맡고 있었다. 전시 미 지상군과의 최초의 연합작전이었다.

연합작전을 펼치게 될 미 제24연대장은 화이트 대령이었다. 그는 백선엽과 구면이었다. 백선엽이 정보국장 시절 미 제24군단 정보처장이었던 화이트 대령은 업무적으로 많은 도움을 줬다. 또 두 사람은 같은 정보업무를 하고 있었기 때문에 자주 만났다. 공교롭게도 두 사람의 이름은 '하얗다'는 뜻을 내포한 '화이트(White)'와 '백(白)'이었다. 그런 인연으로 더욱

친해졌다.

그런데 전쟁이 나서 다시 만나게 된 것이다. 그것도 나란히 북한군을 저지하는 연합작전을 펼치게 됐다. 50세의 고령이던 화이트 대령은 "한국은 산악이 많아 나이 많은 나에게는 퍽 힘들다."며 "전쟁은 젊은이들의 게임"이라고 말했다. 미 제24연대는 연대장과 몇 명을 제외하고는 모두 흑인들로 편성됐다.

제1사단은 7월 23일부터 25일까지 미 제24연대와 연합하여 갈령을 넘어 내려오는 북한군 주력인 제15사단의 남진을 저지했다. 이로써 북한군이 상주를 통해 김천으로 진출하여 경부 축선상의 미군 퇴로를 차단하고, 대구를 점령하려는 기도를 좌절시키게 됐다. 전시 최초의 한미연합작전의 성공이었다.

백선엽의 제1사단은 낙동강 전선에서 약 45일간에 거쳐 미 제1기병사단과 경계를 이루며 대구 사9수를 위한 한미연합작전을 실시했고, 대구 북방의 다부동 전투에서는 미 제27연대와 미 제23연대의 증원을 받아 이들과 함께 북한군 3개 사단의 공세를 저지하며 낙동강 전선을 사수하며 북진의 기틀을 마련했다. 이때 제1사단은 고지에서 북한군을 막아냈고, 미군은 도로 주변을 통제하여 북한군의 전차공격을 저지했다. 이른바 협조된 한미연합작전의 성공적인 경우에 해당된다. 이로써 백선엽은 전투지휘관으로서 명성을 얻게 됐고, 미군 전사에 그 이름을 기록하게 됐다.

백선엽은 인천상륙작전 이후 북진단계에서도 성공적인 연합작전을 지휘했다. 미 제10고사포 군단(群團, Group)을 배속 받은 제1사단은 평양탈환작전에 참가하게 되면서 밀번 군단장으로부터 미 전차대대를 지원받아 한미연합기동작전을 지휘했다. 백선엽은 한미 간 최초의 보전(步戰)협동작전을 전쟁을 통해 배우고 익히면서 평양에 미 제1기병사단을 제치고 선두로 입성하는 쾌거를 이루게 됐다. 이는 6.25전쟁에서 국군 지휘관이 미군 포병부대와 전차부대를 배속 받아 한미연합작전을 전개한 것은 이것이 처음이자 마지막이었다.

평양 탈환 후 백선엽 제1사단은 또다시 한미연합작전을 실시했다. 이번에는 미 공정부대와의 지상에서의 연결(link-up)작전이었다. 미군 포로를 구출하고, 북한군의 주력을 차단하며, 나아가 김일성을 생포하기 위해 야심차게 시도된 평양 북쪽의 숙천 - 순천 공수작전을 위한 한미군 연합의 연결작전이었다. 공정부대는 미 제187공정연대전투단이었고, 지상군 연결부대는 제1사단의 제12연대가 수행했다. 이 작전은 소기의 성과를 내지 못했지만 전시 한미 간 최초의 연결작전이라는 점에서 커다란 의미가 있었다.

미 공정부대와의 한미연합연결작전은 1951년 3월, 서울 재탈환 이후 문산지역에서 다시 한 번 실시됐다. 이때도 서울에서 빠져 나가는 공산군의 퇴로를 차단하기 위해 미 제187공정연대전투단과 제1사단이 수행했다. 작전의 성과는 크게 거두지 못했으나, 우리 군은 두 번에 걸쳐 공정부대와의 연결작전을 실시함으로써 소중한 한미연합작전을 경험하게 됐다.

이러한 전시 연합작전은 나중에 팀스피리트(Team Spirit) 훈련과 을지포커스렌즈(UFL) 훈련, 그리고 을지포커스가디언(UFG) 훈련으로 발전하며 북한에 대한 전쟁억지력으로 발전할 수 있었다. 여기에는 백선엽 장군의 숨은 공로가 있었다고 봐야 할 것이다. 그런 점에서 백선엽 장군은 한미연합훈련 및 연합작전의 상징이자 산 증인이라고 할 수 있다.

2장
아이젠하워 대통령과
한미상호방위조약을 논의하다

1953년 5월, 백선엽 육군참모총장은 미국을 방문했다. 백선엽이 워싱턴에서 만난 미국 인사들은 한국의 장래에 대해 우려의 목소리를 높였다. 그들의 결론은 한국이 비록 통일 없는 휴전을 결사반대하고 있으나, 미국은 조만간 휴전을 하게 될 것이다. 이 시점에서 한국이 미국으로부터 어떤 보장을 얻어 내지 못하면 한국의 장래는 매우 위태로워질 것이라고 했다.

특히 백선엽 장군과 휴전회담 대표로 함께 활동한 버크 제독은 미국 정부로부터 군사적·경제적 보장을 받아 내야 한다고 했다. 그렇게 하려면 아이젠하워 대통령을 직접 만나는 수밖에 없다고 조언했다.

백선엽 총장도 휴전협상이 막바지에 이르게 되자 서서히 조국의 장래가 걱정됐다. 그래서 날이 밝자 콜린스 육군참모총장을 찾아가 아이젠하워 대통령과의 면담을 주선해 줄 것을 부탁했다. 그러나 콜린스 총장은, "미국에는 매년 수많은 각국 참모총장들이 방문한다. 대통령이 백 장군을 만나게 되면 그것이 하나의 전례가 되어 다른 나라 총장들의 면담을 거절하기가 어려워질 것이다."라며 난색을 표했다.

백선엽 총장은 콜린스 총장에게 "매일 수없이 많은 사상자를 내가며 미군과 함께 싸우고 있는 한국의 참모총장을 어떻게 다른 나라 총장과 똑같이 취급할 수 있느냐?"며 항의했다. 그러면서 백 장군은 "본인은 아이젠하워 대통령과 구면."이라고 했다. 실제로 1952년 12월, 아이젠하워 대통령 당선자가 한국을 방문했을 때 백선엽 총장은 아이젠하워를 만난 적이 있다. 백 총장은 이를 염두에 두고 한 말이었다.

콜린스 총장은 백선엽 장군의 완강한 태도를 보더니 옆방에 있던 참모차장 존 헐(John Hull) 대장을 불러 백 장군이 내일 백악관을 방문할 수 있도록 연락을 취해 보라고 지시했다. 그렇게 해서 이튿날 오전 10시 정각, 백선엽 총장은 백악관 집무실에서 아이젠하워 대통령과 면담을 갖게 됐다. 아이젠하워 대통령은 먼저 이승만 대통령의 안부를 물은 다음 "한국 정부와 국민이 휴전을 반대하는 뜻은 잘 알고 있으나, 한국전쟁을 종식시키는 것은 나의 선거공약이고, 우방인 영국과 여러 동맹국들이 휴전을 하도록 압력을 가하고 있다."며 미국의 입장을 설명했다.

이에 백선엽 장군은 아이젠하워 대통령에게 "만약 여기서 휴전하게 되면 통일의 기회는 영원히 사라지고 만다. 한국 정부와 국민이 휴전을 반대하는 뜻을 과소평가하지 않기를 바란다."고 말했다. 아이젠하워가 무슨 방도가 있느냐고 묻자 백 장군은 기다렸다는 듯이 "대통령 각하, 왜 우리에게 보장(guarantee)을 해주지 않느냐?"고 물었다. 이어 백 장군은 "우리나라는 3년간의 전쟁으로 폐허가 됐고, 아무것도 남아 있는 것이 없다. 예를 들면 상호방위조약(Mutual Defence Pact) 같은 것을 고려할 수도 있지 않느냐?"고 되물었다.

아이젠하워 대통령은 "장군의 뜻에 원칙적으로 동의한다. 그러나 상호방위조약은 유럽 국가와는 많이 체결하고 있지만 아시아 국가와는 드문 경우이고, 또 상원 인준을 받아야 한다."고 말했다. 이어 아이젠하워 대통령이 워싱턴에 얼마간 체류하는지를 묻더니 월터 스미스(Walter B. Smith) 국무차관을 만나 이 문제를 협의해 보라고 했다.

그렇게 해서 이튿날 백선엽 총장은 버크 제독과 함께 스미스 국무차관을 방문하고 휴전 후 한국의 방위 및 재건에 대해 의견을 나눴다. 백선엽 장군은 이런 일련의 과정을 한미상호방위조약의 출발로 여기고 있다. 그리고 자신의 이런 행위에 대해 국가와 민족을 위해 꼭 해야 될 일을 했다며 만족스럽게 여기고 있다.

아무튼 한미상호방위조약에 대한 한미 간의 합의는 이승만 대통령의 반공포로 석방으로 급물살을 타게 됐다. 미국은 전후 한국에 대한 보장책을 논의하기 1953년 6월, 월터 로버트슨(Walter Robertson) 국무부 극동 담당차관보를 급히 한국에 보내 이승만 대통령과 한미상호방위조약 체결과 국군 20개 사단 증강, 그리고 경제원조 등을 협의하도록 했다.

그 결과 휴전 후 한국과 미국은 곧바로 상호방위조약 체결에 서명하고, 국군의 전력증강 및 현대화 그리고 전후 복구 및 경제원조 등을 지원받게 됐다. 이로써 한미 양국은 6.25전쟁을 통해 피를 나누며 싸운 전우에서 전후에는 끈끈한 동맹관계로 발전하게 됐다.

3장

한미동맹의 발전을 위해
끊임없이 노력하다

백선엽 장군은 평생을 한미동맹을 위해 노력했다. 그 일환으로 1983년에는 한미안보연구회라는 연구단체를 설립했다. 한미 두 나라 안보문제를 연구하고 민간외교 기능의 일익을 담당하기 위해서다. 이 모임은 재미학자 김재엽(金在燁) 박사와 주한 미 제8군 사령관을 지낸 리처드 스틸웰(Richard G. Stillwell) 장군이 민간 차원의 한미 안보문제 연구의 필요성을 제기한 것이 발단이 됐다. 여기에 백선엽 장군이 동참하게 된 것이다. 초대 공동회장으로 백 장군과 스틸웰 장군이 맡았다.

여기에는 한국의 인사와 단체들이 참여했다. 대표적인 인물로는 강영훈(姜英勳, 육군중장 예편, 국무총리 역임) 장군, 유양수(柳陽洙, 육군소장 예편), 이맹기(李孟基, 해군중장 예편), 오자복(吳滋福, 육군대장 예편, 국방부장관 역임), 이

상훈(李相薰, 육군대장 예편, 국방부장관 역임), 유병현(柳炳賢, 육군대장 예편, 한미연합사부사령관 역임) 장군, 김경원 전 주미대사, 정명식 전 포항제철 회장, 조순승 전 국회의원, 노재원 전 대사 등이 참여했다. 주요 단체로는 전국경제인연합회, 한국무역협회, 상공회의소, 문화방송, 대한항공이 참여했다. 여기에 국방부의 지원도 한몫했다.

그후 한미안보연구회는 군인과 외교관 출신을 중심으로 학자, 언론인, 사업가 등 각계각층 인사 200여명을 망라하게 됐다. 주요 활동으로는 학술대회와 미국의 유명한 학자의 초빙강연, 전시작전권 환수 등과 같은 안보 관련 이슈에 대한 세미나를 열었다. 이처럼 한미안보연구회는 한미동맹의 발전에 촉매제 역할을 톡톡히 해냈다. 여기에는 백선엽 장군의 한미동맹에 대한 남다른 인식과 애국심이 있었기에 가능한 일이었다.

백선엽의 한미동맹 발전을 향한 행보는 계속됐다. 2009년 6월, 백선엽 장군은 90세의 노구를 이끌고 미 육군보병학교에 설립된 한국전 전시관 건립식에 참석했다. 그리고 한미동맹 발전에 도움이 될 역사적 발자취를 남겼다. 그것은 바로 미 육군보병학교의 패트리어트 연병장에 6.25전쟁 때 한미 보병에게 의미가 깊은 전투지역인 다부동(多富洞), 왜관(倭館)의 303고지, 지평리(砥平里)에서 채취해 온 흙을 뿌리는 행사를 직접 행했다. 한미 보병들의 피와 땀이 고스란히 스며 있는 그 흙을 미국 안보의 산실이자 국제평화 유지의 버팀목인 이곳에 뿌렸던 것이다.

이를 지켜보고 있던 미 육군보병학교 졸업생들과 학부모들은 이 역사적인 순간을 놓치지 않고, 뜨거운 박수로 격려했다. 다부동에서 시작된 한미혈맹이 이곳 패트리어트 연병장에서 다시 결합돼 굳건한 한미동맹으로 재도약하는 역사적 순간이었다. 모두가 한미동맹의 역사적 현장을 지켜보며 숙연해졌다. 그렇게 한미동맹은 더욱더 성숙해져 갔다.

이 순간 이후 한미동맹은 어떤 책략이나 책동에 의해서도 끊으려고 해도 끊을 수 없는 혈육지정(血肉之情)과 같은 끈끈한 유대관계로 발전되었음을 확인할 수 있는 순간이었다. 그때 백선엽은 그 행사를 행동에 옮기면서 60년을 이어 온 한미동맹의 진한 감동을 온몸으로 느꼈다고 회상했다. 그리고 자신의 국가에 대한 충성과 헌신 그리고 6.25전쟁 때의 한미연합작전이 결코 헛되지 않았음을 실감하게 되었다고 말했다.

백선엽 장군은 6.25전쟁 발발 60주년이 되던 2010년, 한미동맹의 상징인 '밴플리트 상(Van Fleet Award)'을 수상했다. 이 상은 밴플리트가 전역 후 한국을 조직적으로 돕기 위해 미국의 저명인사들이 참여한 '코리아소사이어티(Korea Society)'라는 민간단체를 설립했는데, 코리아소사이어티는 밴플리트가 타계한 1992년부터 한미 발전을 위해 헌신한 한미 양국의 주요 인사들을 선정하여 밴플리트 상을 제정하여 수여하고 있다.

역대 밴플리트 상의 수상자로는 지미 카터(James E. carter Jr.) 미 대통령, 조지 부시(George H. W. Bush) 미 대통령, 헨리 키신저(Henry A. Kissinger) 미

국무장관, 윌리엄 페리(William J. Perry) 미 국방장관, 한국의 김대중(金大中) 대통령, 이건희(李健熙) 삼성전자 회장, 정몽구(鄭夢九) 현대·기아자동차 그룹 회장, 최종현(崔鍾賢) 선경그룹 회장, 한덕수 한국무역협회 회장, 박용만(朴容晩) 두산그룹 회장 등이 있다.

백선엽 장군의 2010년 밴플리트 상의 수상은 여러 면에서 의미가 크다. 밴플리트 장군과의 깊은 인연도 그렇고, 6.25전쟁 발발 60주년이 되는 해에 그 상을 받았던 것도 의미가 크다 할 수 있다. 평생을 한미 발전과 한미동맹을 위해 노력해 온 백선엽 장군에게 미국은 또 하나의 커다란 선물을 줬다.

그것은 바로 '명예 미 제8군 사령관' 임명이었다. 미국은 2013년, 백선엽 장군을 명예 미 제8군 사령관에 임명했다. 6.25전쟁 때 유엔군지상군 사령관 역할을 했던 미 제8군 사령관은 대한민국 수호의 상징적인 존재였다. 한국 군인으로 미군의 명예지휘관으로 위촉되기는 백선엽 장군이 사상(史上) 최초의 일이다. 미군 역사에서 외국군이 어떤 형태로든지 미군의 지휘관이 된 적이 일찍이 없었다. 매우 이례적인 일이 아닐 수 없다. 한미동맹을 위한 백선엽의 그동안의 공로가 미국으로부터 인정을 받았다는 것을 의미한다. 한미동맹의 발전을 위한 그의 역할과 능력이 그만큼 뛰어났다는 것을 의미한다. 나아가 미국이 이를 인정했다는 것을 뜻한다. 한미동맹의 발전을 위해서 이보다 더 좋은 일은 없을 것이다.

8부

백선엽 장군이
신뢰와 존경을
받는 이유

1장

온정을 베풀 줄 아는 지휘관이다

백선엽 장군의 가장 큰 장점 중의 하나는 부하들을 모질게 대하지 않고 인정을 베푼다는 것이다. 심지어는 부하들의 잘못에도 그는 자신의 일처럼 발 벗고 나서서 해결해 줬다. 부하들이 존경하고 상관들이 신뢰하는 까닭이 바로 여기에 있다. 그의 마음속에는 항상 입장을 바꾸어 생각하는 역지사지(易地思之)에서 우러나온 따뜻한 배려의 마음씨와 남의 아픔을 헤아리고 어루만질 줄 아는 측은지심(惻隱之心)이 가슴속에 늘 자리 잡고 있었다. 그는 평생을 통해 항상 타인에게 베푸는 삶을 살았다고 할 수 있다. 바로 이타심(利他心)이다.

1949년 가을, 전남 광주 주둔의 제5사단장으로 있을 때 백선엽은 공비토벌을 지휘하다 마음 아픈 일을 겪었다. 제15연대를 따라 광양 백운산(白雲山) 지역의 토벌작전을 지휘하고 광주로 돌아오는 길에 한 마을이 송두리째 불길에 휩싸인 것을 봤다. 마을 이름은 보성군 문덕면에 속한 한천부락이었다. 약 300호의 집이 불에 타고 주민들은 넋을 잃고 주저앉아 있었다.

마을 어른들을 만나 조사를 해보니 그것은 공비들의 소행이 아니라 자신의 예하부대가 공비들과 연락을 했다는 이유로 마을을 불태우고 가버린 것이었다. 그는 즉시 마을 주민들에게 사죄하고 대책을 세워 주겠다고 약속했다.

그리고 광주로 돌아와 이남규(李南圭) 도지사를 만나 전후사정을 이야기하고, 다음날 도지사와 함께 한천부락을 찾았다. 그리고 마을 주민들이 모인 자리에서 무릎을 꿇은 백선엽 사단장은 "내게 모든 책임이 있습니다. 원하신다면 나를 죽여주십시오."라며 진심으로 용서를 빌었다. 그런 후 백선엽은 마을 주민들에게 "곧 겨울이 닥치는데 여러분들이 길거리로 나앉지 않도록 최대한 노력하겠습니다. 사단에서 쓰는 공금 3,000만 환을 가져왔습니다. 여기 도지사님께서도 부락의 재건을 약속하셨습니다."라고 말했다.

마을 주민들은 백선엽 사단장의 말을 신뢰하고, 근처 산에서 나무를 베어 오는 등 월동 준비를 했다. 불탄 마을은 차츰 재건됐고, 민심도 돌아섰다. 그렇게 해서 백선엽은 부하들의 잘못을 진심으로 사과드리고 자칫 큰 사건으로 번질 뻔했던 일을 무난히 해결할 수 있었다. 현재 보성군 문덕면 한천부락에는 당시 주민들이 힘을 모아 세운 '백선엽 송덕비'가 있다.

백선엽은 1948년 초여름, 김창룡 대위가 어려움에 처했을 때 도움을 줘 해결해 준 일도 있고, 박정희 소령이 남로당에 연루됐을 때 도와 줄 수 있느냐는 말을 듣고 기꺼이 도와 줌으로써 생명을 구해 준 일도 있다. 전쟁 중에는 민기식(閔機植) 장군이 서민호(徐珉濠) 사건의 재판장으로 있을 때 이승만 대통령의 노여움을 사게 되어 파면되자, 경무대로 이승만 대통령을 찾아가 설득함으로써 민기식 장군을 어렵사리 구해 준 일도 있다. 그렇게 해서 민기식 장군은 육군대장으로 진급하여 참모총장에까지 오르게 됐다.

지리산 공비토벌 작전 시에는 전쟁고아들을 위해 백선고아원(白善孤兒院)을 설립하여 돌보았다. 백선고아원의 원생들을 백선엽 장군을 '대장 아버지'라 부르며 훌륭하게 자랐다. 백선엽 장군은 군 생활 내내 틈만 나면 백선고아원을 방문하고 이들 원생들에게 도움을 줬다. 원주의 제1야전군사령관으로 있을 때는 원생들을 부대로 초청하여 부대견학을 시켜주고 학용품도 전달함으로써 원생들을 격려해 줬다.

6.25전쟁 중에는 인간적인 배려 덕택에 목숨을 건진 일도 있다. 다부동 전투가 한창일 때인 1950년 8월 19일 밤, 북한군 중대 규모의 게릴라

들이 동명초등학교의 제1사단사령부를 기습했다. 이때 사단장인 백선엽은 깜박 잠들어 있었다. 부관 김판규(金判圭) 대위가 서둘러 깨워 상황을 보니 가까이에서 다발총과 기관총 소리가 나고 수류탄 폭음도 들렸다. 벌써 미군 통신병 등이 전사해 사령부는 혼란에 빠져 있었다. 참모들과 미군 고문관들은 복도를 기어 피신하고 있었다.

때마침 운동장에는 오후에 증원부대로 도착한 제8사단 제10연대의 1개 대대가 숙영하고 있었다. 백선엽은 대대장을 찾아 "빨리 부대를 돌격시켜라!"고 소리쳤다. 제10연대는 재빨리 부대를 돌격시켜 게릴라들을 격퇴했다. 나중에 들으니 적들은 사단장을 생포하기 위해 기습했다고 했다. 평소 사단사령부에는 경비 병력이 거의 없었다. 그때 증원부대가 없었다면 큰 낭패를 당할 뻔했다.

증원부대가 그날 낮 사단사령부에 도착하자 사단 작전참모 문형태 중령은 백선엽 사단장에게 증원부대를 즉시 전방에 투입할 것인지, 아니면 내일 아침에 투입할 것인지를 물어 왔다. 그때 백선엽은 무더위 속에서 영천에서부터 이곳 대구 북쪽에 위치한 사령부까지 행군해 온 부대를 그대로 투입할 수가 없었다. 그래서 작전참모에게 일단 잘 먹이고 재운 뒤 내일 새벽에 출발시키라고 지시했다. 만약 증원부대를 숙영시키지 않고 바로 출발시켰더라면 사단사령부는 북한 게릴라들의 기습을 받고 쑥대밭이 되었을 것이다. 아울러 백선엽의 운명도 어떻게 되었을

지 모를 일이다. 온정(溫情)에서 나온 전쟁의 운(運)이 백선엽을 살렸다고
할 수 있겠다.

2장

평생 군인적인 삶을 고집하다

백선엽은 평생을 군인으로 살았다. 한 번쯤 정치에 발을 들여놓았을 법도 한데 정치권 근처에도 얼씬도 하지 않았다. 그렇게 살기도 힘들 것인데도, 그는 오로지 국가안보를 걱정하며 한미동맹에 도움을 줄 수 일만 찾아서 했다. 그는 장관으로 들어오라는 제의를 받고도 군인으로 남겠다며 이를 거절했던 일화가 아직도 남아 있다.

제1군사령관 시절, 백선엽은 이승만 대통령으로부터 내무부장관직을 제의받았다. 1956년 5월 25일, 정·부통령 선거는 야당인 민주당의 신익희(申翼熙) 후보가 투표일 열흘 전에 갑자기 서거함으로써 이승만 대통령의 3선이 굳어진 가운데 관심은 이기붕과 장면(張勉) 간의 부통령 선거로 쏠렸다. 선거결과 야당의 장면 후보가 부통령에 당선됐으나 개표 도중

대구에서 부정사건이 터져 한동안 나라가 소란했다. 이 때문에 당시 김형근(金亨根) 내무부장관이 사퇴하지 않을 수 없게 됐다.

이때 이승만 대통령이 백선엽 장군을 경무대로 불러 내무부장관을 맡으라고 했다. 그 당시 군 출신이 각료로 진출한 것은 1955년에 육군본부 관리부장이던 김일환(金一煥) 중장이 유일한 경우에 해당됐다. 그는 예편과 동시에 상공부장관으로 입각했다. 당시만 해도 군인이 바로 장관으로 입각한 사례가 거의 없었다. 그런데 이승만 대통령이 백선엽 장군에게 내무부장관을 제의한 것이다.

이승만 대통령의 내무부장관 제의에 백선엽은 "각하, 저는 군인으로 일생을 마칠 생각입니다. 각하의 뜻을 거역할 의사는 추호도 없습니다. 다만 생각할 수 있도록 말미를 좀 주십시오."라고 말하고 집으로 돌아왔다. 그 문제를 놓고 어머니와 동생인 백인엽과 함께 상의했다. 결론은 정치에 뛰어드는 것은 좋지 않다는 것이었다.

이틀 후 백선엽은 경무대로 대통령을 찾아뵙고, 군에 계속 복무하게 해달라고 간청했다. 대통령은 다소 섭섭한 표정을 지으며 "그렇게 하라."고 했다. 이렇게 해서 후임 내무부장관에는 이익흥(李益興) 씨가 임명됐다. 자칫했으면 정치판에 뛰어들 뻔했다.

군문을 떠나서도 백선엽은 군인의 자세를 잃지 않고 평생을 군인 같은 삶을 살았다. 그가 하고 있는 일과 경력을 보면 얼마나 군대를 사랑하고 국가를 위해 노심초사했는지를 알 수 있다. 그는 국문, 영문, 일어판, 중국어판의 회고록을 써서 한국적 시각의 6.25전쟁을 알리는 데 후반부 인생의 대부분을 바쳤다. 인생의 전반부는 군인으로서 전쟁터에서 보냈고, 후반부는 전쟁경험을 책으로 쓰고 알리는 데 보냈다고 할 수 있다.

이처럼 백선엽 장군은 시간이 날 때마다 각급 부대, 관공서, 경찰서, 학교기관, 미군부대 등을 다니며, 6.25전쟁 경험을 토대로 국가안보와 한미동맹의 중요성을 강의했다. 또한 국가안보에 도움이 줄 수 있는 성우회(星友會)와 한미안보연구회(韓美安保研究會) 등을 설립하여 국가안보에 도움을 주고자 노력했다. 6.25전쟁 발발 50주년 때는 50주년기념사업회 위원장을 맡아 온 국민들이 6.25전쟁의 의미를 다시 한 번 되새길 수 있도록 힘썼다. 나아가 자신을 필요로 하면 미국과 일본도 마다하지 않고 그곳으로 달려가 6.25전쟁에 대한 강의를 하곤 했다. 그를 영원한 대한민국 군인으로 부르는 이유이다.

3장

미군 사령관으로부터 겸허하게
배우고 익히다

국군 장성 중 백선엽만큼 미군 사령관과 뜻 깊은 인연을 가진 군인도 없다. 그것은 그가 한 번도 전쟁터를 떠난 적이 없이 사단장 이상의 고급 장성으로 활동했기 때문이다. 그리고 백선엽 장군은 6.25전쟁을 통해 미군 사령관들로부터 많은 것을 배우고 익혔다. 그의 군사이론의 학습장은 전쟁터였고, 그의 스승들은 미국의 제1·2차 세계대전의 영웅들인 맥아더, 워커, 리지웨이, 밴플리트, 테일러, 클라크, 밀번 장군 등이었다. 백선엽의 장점 중 하나는 이들 미군 사령관들로부터 작전을 지도받거나 함께 전선에서 싸우며, 자신도 모르게 전쟁영웅으로 우뚝 성장했다는 점이다.

백선엽은 1951년 3월, 서울 재탈환한 후 서대문 근처 만리동의 한 초등학교에 사단사령부를 두고 있었는데, 이때 맥아더 사령관의 방문을 받았다. 이때 맥아더 사령관은 필요한 것이 없느냐고 물었다. 백선엽 사단장은 보급품 중 야채와 설탕 등이 조금 부족하다고 말해 부족한 급식 문제를 해결한 일이 있다. 백선엽은 그때의 고마움을 잊지 않고 있다가 1953년 5월, 참모총장으로서 미국을 방문할 때 뉴욕의 월도프아스토리아 호텔에 묵고 있던 맥아더 원수를 찾아뵙고 당시의 고마움을 전했다. 백선엽 장군은 그 당시 맥아더는 우리 국민들에게 신(神)과 같은 존재였다고 말한다. 군인으로서 맥아더는 최고였다.

백선엽은 제1사단장일 때 미 제8군 사령관 워커 중장을 만났다. 워커 중장은 한국전선에서 현장을 찾아다니며 문제점을 파악하고 이에 대한 대책을 강구했다. 워커는 현장 위주의 작전지도를 선호했다. 그럴 때마다 그는 헌병의 호위도 없이 지프차를 타고 전선을 누볐다. 지프 뒤에는 항상 30구경 기관총을 장착하고, 지프 밑바닥엔 강판으로 보강하고, 지프 바닥위에는 흙 마대를 깔아 지뢰에 대처했다. 전선시찰을 와서 사단사령부을 방문할 때는 상황판에서 사단상황을 보고받고 몇 가지 질문한 뒤 결정은 사단장의 몫이라고 말하고 배웅도 받지 않고 훌쩍 떠나갔다. 백선엽은 워커 장군에게서 "우회전술(by-pass)과 현장을 보러 다니는 습관"을 배웠다.

리지웨이 사령관도 백선엽에게는 스승이었다. 리지웨이 사령관과는 백선엽이 사단장과 군단장으로 있을 때 만났다. 그는 용모부터 특이했다.

차양에 커다란 중장 계급장과 낙하산 마크를 붙인 방한모, 코트 왼쪽 어깨엔 용(龍)을 모티브 한 제18공정군단(空挺軍團)의 배지(badge), 그 왼쪽에는 미 제8군 배지, 오른쪽 가슴의 X벨트에는 수류탄, 허리의 탄띠에는 38구경 권총을 찼다.

또한 상대방과 말을 할 때는 오른손 집게손가락을 찌를 듯 가리키며 얘기하는데, 열이 오르면 한 발 한 발 다가와 상대와 맞닿을 정도였다. 그러면 상대편은 그의 가슴에 달려 있는 수류탄에 신경이 쓰였지만, 견뎌야지 별 도리가 없었다. 그는 한마디로 전투형 지휘관이었다. 리지웨이 장군은 확실한 정보를 중요시했다. 상황판에 있는 적정에 대해서는 꼬치꼬치 물으며 출처를 확인했다. 답변이 시원치 않거나 우물쭈물하면 "즉시 척후(斥候)를 보내. 아니 귀관(貴官)이 직접 가서 확인해. 두 발 둬서 뭣해."라고 호통을 쳤다. 특히 리지웨이 사령관은 전의가 부족한 지휘관은 용서치 않았다. 그런 지휘관을 만나면 대번에 "귀관은 전선에서 필요 없다."며 교체했다. 리지웨이 장군은 전투형의 지휘관이자 위기관리에 뛰어난 사령관이었다.

밴플리트 사령관과 백선엽의 인연은 참으로 깊다. 백선엽은 군단장과 육군참모총장 때 밴플리트 장군과 함께 전선을 누볐다. 밴플리트의 작전 지휘는 "적을 징벌(punishment)하라."는 것이었다. 중국군의 인해전술(人海戰術)에 병력이 열세한 밴플리트의 입장에서는 화력으로 맞설 수밖에 없었다. 그 결과 방대한 탄약 소비 때문에 '밴플리트 탄약량'에 대한 비판이 나돌아 결국 미 의회에서 문제가 되기까지 했다. 그만큼 밴플리트는 승리를 위해서는 과감하게 지휘했다.

1951년 5월, 현리 전투에서 국군 제3군단이 막대한 피해를 입자 밴플리트는 제3군단의 해체를 현장에서 지시하고 국군에 대한 작전을 직접 관장하게 됐다. 전쟁터에서 성장한 밴플리트 사령관은 맺고 끊는 것이 분명했다. 그러면서 밴플리트 장군은 세심하면서도 매우 치밀한 지휘관이었다. 그는 전투를 앞두고 소부대의 시범훈련을 중시했다. 제2차 세계대전에서 얻은 경험이었다. 어느 고지를 탈취할 필요가 있을 경우 사전에 비슷한 지형에서 실전과 같은 연습을 실시하면서 작전부대가 이를 견학하도록 했다. 동시에 밴플리트 자신도 직접 참가하면서 각급 지휘관도 참관하도록 했다. 그때마다 그는 노르망디 상륙작전에 연대장으로 참전했던 경험을 통해 작전을 지도했다. 이른바 현장에서의 실전을 통한 현장지도였다.

백선엽 장군은 테일러 사령관에게도 배웠다. 백선엽이 대장 계급을 달고 육군참모총장 일 때인 1953년 2월에 부임한 테일러는 중장이었다. 테일러는 계급이 높은 백선엽 총장을 선임으로 모시며 깍듯이 대했다. 그렇지만 그는 강하면서 엄격한 군인이었다. 그는 전투에서 지휘관은 결코 놀래서는 안 된다는 점을 강조했다. 이른바 '코맨더 네버 서프라이즈

(Commander never surprise)'였다. 그가 말하고자 한 의미는 "리더는 선경지명(先見之明)을 가지고서 항상 미리 대비하고, 예측하지 못한 사태라는 것이 있어서는 안 된다."는 것이었다. 휴전 후 육군을 개편하고, 155마일전 전선을 책임지는 제1야전군을 만든 것은 모두 테일러의 공로라고 백장군은 말하고 있다.

백선엽 장군은 제1사단장 시 평양탈환작전을 과감하게 맡겼던 밀번제1군단장에 대해서도 배울 것이 많은 장군이라고 했다. 밀번 장군으로부터는 '기브 앤 테이크(give and take)'를 배웠다고 한다. 그는 일선 사단을최대한 지원하고, 그 사단이 잘 싸우기를 인내심 갖고 기다리는 지휘관이었다. 충분히 이길 수 있는 여건을 만들어 주고, 스스로 전투에서 이기는 것을 지켜보는 타입의 지휘관이었다. 백선엽도 이러한 밀번 장군의 지휘통솔 방식을 자주 활용하곤 했다.

백선엽 장군은 이들 미군 사령관들로부터 배운 것을 나름대로 해석해서 부대를 지휘했다. 그의 부대 지휘의 핵심은 지휘관의 솔선수범이었다. 그러면서 그는 유엔군사령관을 역임했던 리먼 렘니처(Lyman Lemnitzer) 대장이 말한 "부적당한 지휘관은 있어도 원래부터 불량한 부대는 없다."라는 말을 좋아했다. 결국 훌륭한 부대라는 것은 지휘관이 어떻게 하느냐에 달려 있다는 것이다. 그런 점에서 백선엽은 각급 제대를 지휘할 때 항상 베풀고, 본인이 앞에 앞장서서 지휘하는 방식을 택했다. 그것이 바로 백선엽을 전쟁의 영웅으로 끌어 올렸던 동인(動因)으로 작용했던 것이다.

또한 자유중국 대사, 프랑스 대사, 캐나다 대사로 나가 있을 때도 휴일이면 유럽의 전적지를 돌며 전사를 공부했다. 또 그곳에서 군인 정치가들과 교분도 쌓으며 국위를 선양했다. 장제스(蔣介石) 총통을 비롯하여 프랑스의 드골(Charles André Joseph Marie de Gaulle) 대통령과 스페인의 프랑코(Francisco Franco) 총통 등을 상대로 백선엽은 군인 외교관으로서의 역할을 톡톡히 해냈다.

제2차 세계대전이 끝난 자유중국과 유럽에서는 고급 장성 출신인 백선엽 장군을 선호했다. 그들은 서로 말이 통했다. 장제스도, 드골도, 프랑코도 군인 출신이었다. 자연히 말이 잘 통할 수밖에 없었다. 백선엽이 군인 외교관으로서 능력을 발휘할 수 있는 또 하나의 배경이었다. 이때도 백선엽은 외국의 선배 군인 출신들로부터 국익과 국가를 위한 정치지도자들의 자세 등을 배워 나갔다.

9부

백선엽 장군
어떻게 볼 것인가

1장

밴플리트와 리지웨이가 본 백선엽

우리 두 사람이 백선엽을 처음 만난 것은 1951년 초였다. 전투란 리더십을 검증하는 가장 가혹한 시험장이다. 그때 백선엽은 이미 검증받고 또 검증받고 또다시 검증받아 이미 더 바라거나 나무랄 데가 없는 군인이었다. 우리의 지휘 하에 있을 동안에도 백선엽은 사단, 군단, 그리고 그보다 높은 지휘계통을 거치며 계속해서 뛰어난 능력을 보여 줬다.

백선엽이 대한민국 육군에서 가장 뛰어난 작전 지휘관이라는 데에는 이견이 있을 수 없었다. 무엇보다도 백선엽은 직업군인으로서 가장 기본적이고 확고한 신념을 지니고 있었다. 국가에 대한 충성, 개인으로서의 명예, 도덕적 용기, 부하들에 대한 변치 않는 애정, 그리고 승리를 향한 의지가 그것이었다.

전쟁이 발발했던 당시 약관 스물아홉의 나이로 한국 육군의 제1사단 장을 맡고 있었던 백선엽 대령은 서울 북쪽의 임시경계선에 주둔하며 북한의 주력군과 대치하고 있었다. 그러나 북한군의 맹렬한 기습으로 제대로 훈련도 되지 않은데다가 장비마저 불비(不備)한 백선엽 대령 휘하의 제1사단은 속절없이 당하기만 했다.

그러나 3일 만에 재빨리 대열을 수습한 백선엽 대령의 부대는 적의 측면을 돌아 정연하게 후퇴하기 시작했다. 제1사단은 그 후로 내리 몇 주간을 유엔군 사령부가 조직되어 있는 낙동강을 향해 남하하며 지연전술을 폈다. 1950년 8월과 9월 두 달간에 걸친 치열한 전투 속에서 국군 제1사단은 미군과 국군 사이의 중심적 역할을 하면서 대구를 함락시키기 위한 북한군의 수차례에 걸친 공격을 막아냈다.

백선엽의 제1사단은 인천상륙 작전에 뒤이은 포위돌파작전을 이끌었고, 북진을 계속해 미군 제1기병사단과 거의 동시에 평양까지 진격했다. 모든 사람들이 놀랄 만한 혁혁한 전과였다. 이후 중공군의 개입이 시작되었지만, 백선엽은 미군의 기준으로 보자면 미숙한 지원군만으로도 국군이 훌륭하게 싸워 낼 수 있다는 것을 사실로 보여 주었다.

육군소장으로 진급한 백선엽은 한국 남서쪽 산악지대에서 집중적으로 활동하는 게릴라 부대를 섬멸하는 것을 주 임무로 하는 '독립적인 군단(백야전전투사령부)'을 지휘하게 됐다. 이 작전에서의 눈부신 전공으로 그는 육군 참모총장의 자리에 올라 전시의 군비확장과 훈련, 그리고 작전의 전개 및 군 배치의 책임을 지게 됐다.

또한 백선엽 장군은 정전협상에도 한국을 대표하게 됐다. 3년여의 전쟁 동안 백선엽은 리더로서의 용맹성을 가감(加減) 없이 보여 줌으로써 네 번이나 진급했고, 드디어 군의 최고 자리에 올랐던 것이다. 그렇지만 그는 한국 최초로 창설된 야전군의 지휘관이 되기 위해 육군 정상의 자리에서 스스로 내려오기를 선택한 참 군인이다.

(이 글은 백선엽 장군이 펴낸 1992년 영문판 『부산에서 판문점까지』의 서문에서 부분 편역했다).

2장

정일권 장군이 바라본 백선엽 장군

내가 자랑하고 존경하는 또 한 분의 성우(聖友)는 너무나 이름난 백선
엽 장군이다. 언젠가 이승만 대통령께서 "백 장군이 있으므로 하여 나는
조금도 걱정을 아니한다. 장군은 나라를 위해서라면 장병과 더불어 불
속이나 물속이라도 기꺼이 뛰어들 훌륭한 지휘관이다."라고 격찬했다는
일화가 있을 만큼 가장 신임하고 아낀 장성이다.

잘 알려진 바와 같이 백선엽 장군은 1951년 4월 7일, 고 김백일 장군
의 뒤를 이어 제1군단장에 취임할 때까지 6.25초전부터 제1사단을 지휘
하여 문산(汶山), 봉일천 전선과 다부동 전투에서 위공(偉功)을 세웠고 총
반격 북진 시에는 평양진격 최선봉의 용명(勇名)을 떨친 명장(名將)이다.

특히 영천과 더불어 대구방어의 요충이었던 다부동에서 45여 일간의

피어린 혈전을 거듭하면서도, 북한군의 연 3개 사단과 탱크 주력을 거뜬히 요리해 냈다. 평양진격 때에는 "국군의 명예를 걸고 평양입성만큼은 절대로 미군에 뒤질 수 없다."는 굳은 각오로 차량 기동력이 월등히 우세한 미 제1기병사단과 선두를 겨뤄 끝내 선두입성에 성공했다.

너무나 유명한 이야기여서 자세히 소개할 필요도 없겠으나, 한 가지만 더 적어 보겠다. 본시 서부전선의 주력을 담당한 미 제1군단장 밀번 소장은 미 제1기병사단과 미 제24사단을 선두로 내세우고, 국군 제1사단을 군단 예비로 후속시키려 했는데, 이를 안 백선엽 장군은 당장 밀번 군단장을 찾아가서 담판했다. 제1사단을 선두 서열에 끼어 달라고 요청한 것이다. 그러자 밀번 군단장이 물었다.

"귀 사단은 차량 몇 대를 보유하고 있느냐?" "70대입니다." "미군 사단은 각기 1,000대의 트럭을 보유하고 있다." "알고 있습니다. 하나 우리는 차량이 없는 대신 밤잠 자지 않고 밤낮 없이 행군해 나갈 것이다." 이 굳은 결의를 듣고 밀번 군단장은 크게 감동하여 미 제24사단의 진격 코스를 제1사단으로 돌려줬다.

백 장군은 이처럼 성심성의껏 임무완수에 신명(身命)을 바쳐 싸웠다. 그러므로 이승만 대통령의 격찬(激讚)은 장군의 진가를 그대로 표현한 것이다. 1953년 1월, 국군 최초의 대장(大將)으로 승진한 것을 비롯하여 휴전회담 한국군 대표, 백야전사령관, 제2군단장, 육군대학 창설총장, 제1야전군사령관, 7대 및 9대 참모총장 등 누구보다도 화려하고 중추 요직을 두루 거친 군력(軍歷)은 그대로 장군의 탁월한 장재(將才)를 입증해 주는 것이다.

이처럼 우월한 경력을 거치면서도 장군은 항상 겸손하고, 아량(雅量)과 도량이 넓은 인정 어린 수많은 가화(佳話)를 남기고 있는데, 선후배의 서열에 대한 예절이 또한 근엄하여 서로 노경(老境)에 접어든 지금도 나를 언제나 형님으로 대해 주곤 한다. 내가 자기보다 3년 먼저 태어나서이다. 그리곤 나의 흠을 따뜻이 감싸 주는 참으로 고마운 성우(星友)이다.

역시 6.25때의 일이다. 서슴없이 밝히면 나는 군복을 벗으려고 마음먹은 일이 두 번 있었다. 한 번은 1952년 7월, 미 지휘참모대학의 유학을 마치고 귀국하여 제2사단장에 임명되었을 때이고, 또 한 번은 휴전직전 중공군의 막바지 총공세가 극심할 무렵의 제2군단장 때이다.

제2사단장은 그 전해인 1951년 중공군의 두 차례에 걸친 춘계공세를 저지격퇴하고, 전선이 대진기(對陣期)로 접어들기 시작한 7월에 특명으로 제5대 육군참모총장직을 이종찬 장군에게 인계하고, 도미(渡美) 유학하여 귀국했을 때 나에게 주어진 보직이다.

당시 나의 계급은 중장이었는데, 이를 두고 3성 사단장이니 거물 사단장이니 하여 소문이 자자했다. 참모총장이던 사람이 사단장으로 격하된 것이니 관심들이 컸던 것이다. 나의 거취를 관심 깊게 보는 것 같았다. 솔

직히 말해서 나 자신 무척 고민했다. 사람됨이 아직 미숙했던 탓도 있지만, 창피스러운 생각이 앞서 군복을 벗어 버리면 되지 않겠는가 하고 생각하기까지 했다.

이러한 나를 따뜻하게 충고해 준 분이 당시 참모총장이던 백선엽 장군이다. "형님! 지금 당장은 섭섭하시겠지만, 이 보직은 형님을 위한 것입니다. 대통령 각하의 각별하신 배려입니다. 형님을 장차 국군의 기둥으로 키우는 방법이 없겠는가 하고 당부하신 뜻을 받들어 취한 보직이니, 이 섭섭한 고비만 넘겨주십시오!"

나는 무어라 형용할 수 없는 부끄러움을 느껴야 했다. 내가 모르는 깊은 뜻이 있는 줄도 모르고 울컥 하는 마음만으로 군인답지 못한 경거망동을 저지를 뻔했던 것이다. 당시 미 제8군 사령관인 밴플리트 장군 역시 내가 사단장과 군단장 경력이 없는 것을 아쉽게 생각하여 다음 차례로 미 제9군단 부군단장으로 나를 기용해 주었다. 나는 저격능선전투를 약 4개월간 지휘하고 강문봉(姜文奉) 장군에게 제2사단을 인계한 다음, 미 제9군단장 젠킨스 장군을 보좌하면서 미군 편제의 군단운용을 실습할 수 있었다. 참으로 귀중한 체험이었다.

한데 1953년 2월, 제2군단장으로 있으면서 또 한 차례의 좌절감을 맛보았다. 당시 제2군단장은 임선하 장군의 제3사단, 김종갑 장군(7월 16일부터는 장도영 장군)의 제5사단, 백인엽 장군의 제6사단, 송요찬 장군의 제8

사단을 기간으로 하여 중부전선의 금성천(金城川) 북안(北岸)을 담당하고 있었는데, 화천저수지를 엄폐(掩蔽)하는 요역(要域)으로서 중공군(7·13공세)의 주공목표가 되어 있었다.

적세(敵勢)는 무려 5개군(군단)의 15개 사단이었다. 정말 어려운 최후 일전이었다. 쏟아져 달려드는 인해전술에 밀려 여문리(汝文里)와 교암산(轎岩山)을 안고 감제고지인 백암산(白岩山)마저 위태롭게 되었다. 나는 남모르게 고민했다. 나 자신의 미숙한 장재(將才)를 탄(嘆)하며, 전국(戰局)이 더 악화되기 전에 스스로 물러나서 유능한 성우(星友)에게 바통을 넘겨줄 생각이었다.

이러한 나를 위로하고 격려해 준 분이 역시 백선엽 장군이었다. 군단 사령부로 달려와서 "형님, 이 정면(正面)은 당하게 되어 있습니다. 휴전이 며칠만 있으면 성립될 듯합니다. 그러니 조금만 더 견디어 내십시오. 지금이 어느 땐데 마음을 약하게 먹는 것입니까? 낙동강 전선도 형님이 중심이 되어 해내지 않았습니까? 제발 그만 둔다는 소리는 마십시오. 형님답지 않게 왜 이러시는 겁니까?" 하고 가슴 저리도록 충고해 주는 것이었다.

참으로 고맙고 잊을 수 없는 충고였다. 참다운 성우(星友)의 이 충고가 아니었던들 오늘의 나는 있을 수가 없었을 것이다. 35년이 지난 옛일이면서도 피가 되고 살이 되도록 고맙게 간직해 온 회억(回憶)의 하나이다.

장군의 건강을 빌어 마지않는 바이다.

(이 글은 1985년 정일권 장군이 생전에 육군본부에서 증언한 내용이다.)

3장

백선엽 장군의 '쬐주머니'로
통한 김점곤 장군의 평가

백선엽 장군은 청소년 시절을 빈곤과 고난 속에서 성장했다. 그 속에서 제2의 천성이 된 성실, 소박, 근면 검소한 인품과 생활태도는 평생 동안 변화가 없다. 그는 항상 지나치리만치 자신에게 엄격하다. 그러나 친구와 부하에게는 군인답지 않으리만치 관대하다. 그러면서 그는 최선의 노력, 그 대가로서의 성과를 신봉하고 있다. 그의 성공에는 비결이 없다. 다만 천부의 총명과 예지를 감추고 겸양과 정직, 성실로 일관한 결과가 바로 그가 전쟁에서 이룬 위업의 바탕이다.

한판 승부의 전투나 전쟁은 순간적인 일과성으로 후세에 이르러 이를 다시 재연할 수는 없다. 그러나 그 결과는 오랫동안 승자와 패자에게, 또 그 관계에 영향을 미치게 되며, 경우에 따라서는 역사의 흐름을 영원히 결정지을 수도 있다.

전쟁이 승세(勝勢)로 치닫는 상황에서는 승자는 다 용자(勇者)요 명장이 된다. 그러나 패세(敗勢)에서 어떻게 피해를 최소화하면서 전력(戰力)을 온존하고 또한 적에게 부단한 타격을 가하여 시간을 벌면서 공세로의 전기를 만드느냐 하는 능력은 바로 군인의 진가를 말해준다.

백선엽 장군의 제1사단은 임진강 전선에서 적의 수도 진입을 끝까지 저지하였고, 서울이 함락된 후에는 거의 맨손으로 한강을 도하했다. 그후 시흥에서 재편성한 소총만의 사단은 수원 부근의 풍덕천 전투로부터 낙동강에 이르기까지 끈질긴 접전으로 적의 남하를 지연시키면서 최후 방어선인 다부동에 이른다.

30일이 넘는 이 공방의 혈전에서 제1사단은 3 대 1이 되지 않는 열세였다. 이른바 부산 교두보로 불리는 이 결전에서 끈질긴 그의 인내와 불굴의 투지는 끝내 공자(攻者)인 적을 굴복시키고, 전 전선의 반격과 인천상륙작전의 계기를 만들었다.

백선엽 장군이 6.25 직전에 숙명의 제1사단장으로 임명된 데에는 그의 인품과 군인으로서 투혼의 일면을 잘 설명해 주는 숨은 이야기가 있다. 1948년 말, 육군본부에서 여러 가지 의견의 차이로 인해 성질이 급한 본인은 백 장군 곁을 떠나 자원하여 토벌작전 부대인 제5사단으로 전출하여 갔다.

그 후 1949년 봄, 백선엽 장군은 예고 없이 전투장으로 필자를 위로·방문하여 2~3일을 같이 작전지역을 돌아보았다. 이때 필자는 이 지역의 게릴라 소탕의 중요성과 더불어 지혜와 창의력 그리고 성실성과 결단력만 있다면 사단은 능히 작전에 성공할 수 있다고 가볍게 의견을 말했을 뿐이었다. 그러나 백 장군이 요직인 제1사단장 보임을 사양하고, 토벌지역의 제5사단장을 자청, 유배처럼 치부되고 있던 지위에 스스로 뛰어들어 주위를 놀라게 한 것은 얼마 후의 일이었다.

많은 전임자들이 작전 부진으로 대부분 좌천당한 자리였다. 그는 1949년 7월부터 6.25 전인 1950년 4월, 임진강선에 배치된 제1사단장으로 다시 전보될 때까지 호남지역의 토벌작전에서 완전히 성공했다.

그에게 이 뼈를 깎는 고난의 체험은 그 후 한국전쟁에서의 성공 기반이 되었다고 믿는다. 그는 작전에서 주민의 보호를 제1의 지침으로 하였기에 민·관·경의 협력을 얻어 낼 수 있었다. 진두지휘한 사단장의 각고의 헌신적 노력으로 6.25 전에 이 지역의 평정을 끝낸다.

이 성공은 전쟁발발과 동시에 제5사단으로 하여금 전선으로의 동원을 가능케 한 요인이 되었고, 그 후 큰 손실을 입은 제5사단을 제1사단에 흡수되어 차질 없이 통합지휘를 할 수 있게 한 행운의 인연이 되기도 했다. 또한 이 체험은 1951년 말부터 다음 초까지 약 100일간의 이른바 '인민공화국'을 이루고 있었던 지리산 지역에 대한 대토벌작전을 성공시킨 밑거름이 되었다.

낙동강 전선 방어전에서 막대한 피해를 입은 제1사단이 공격전에 있어서도 미 제1기병사단을 물리치고 평양을 제일 먼저 점령하고, 청천강을 넘어 박천, 운산, 태천 공격을 감행한 것은 기적에 가까운 쾌거였다. 방어에 강한 부대는 끈질기기는 하나 운동력과 기민성의 결여가 통념으로 되어 있다.

그러나 제1사단은 기동력도 화력도 없는 열악한 상황 속에서 사단장인 백 장군의 지모(智謀)와 그에 대한 부하들의 신뢰 그리고 미군의 전차와 포병 지원을 받아 세계에서 가장 강력하고 우수한 기계화부대인 미 제1기병사단을 제치고 15분 먼저 평양의 목표를 선점(先占)했다.

제1사단이 이렇게 공수(攻守) 양면에 강한 데는 평범한 진리가 숨어 있었다. 백 장군은 지휘 신조의 하나로 휘하부대는 물론이고, 외국 지원부대도 완전히 장악하고, 그들로 하여금 최대의 능률을 발휘하게끔 유인(誘因)과 더불어 재량권을 준다. 그렇게 함으로써 서로의 믿음을 바탕으로 사단장을 핵(核)으로 한 구심점을 형성시켰다. 이로써 극한 상황에서도 전투 대열을 흩뜨리는 당시 유행어였던 '분산(分散)'이란 용어는 백 장군의 사단에는 없었다.

전쟁, 특히 전장(戰場)에서는 인간의 본성을 으그러뜨리기 쉽다. 그러나 백 장군은 비정상적인 전쟁터에서도 어제와 다름없이 정상적으로 형평을 잃지 않았다. 그는 지휘관으로서 부하에게 진두지휘와 충직과 노력을 수범하였고, 애정과 성의로 대함으로써 그들로부터 최대의 충성과 전과를 얻었다.

일견(一見), 평범한 인물이 비범한 위업을 성취하여 나라를 지킨 것은 결코 요행이나 우연일 수는 없다. 1950년 6월 25일, 북한의 기습남침을 당한 전선을 제1사단장으로 시작하여 군단장, 정전회담 대표, 백야전전투 사령관, 다시 군단장을 거쳐 1953년 7월 27일 정전을 맞아 육군참모총장으로서 6.25전쟁을 종결시킬 때까지 그는 일관해서 싸웠다.

그는 전쟁터에서 인간으로서 또한 군인으로서 성숙해졌고 발전해 갔으며 대령에서부터 대장까지 승진을 거듭했다. 그러나 그의 소박한 인간성과 생활태도는 지위의 고하에 따라, 상대에 따라 차등을 두는 일이 없었으며, 그의 성실성과 노력은 시종 변화와 표리가 없었다.

정녕 백 장군은 선천적인 재능의 장군이라기보다는 꾸준히 자신의 노력으로 자신을 쌓아 올린 후천적인 입지적 장군일지도 모른다.

(이 글은 김점곤 장군이 1989년 백선엽 장군의 회고록 『군과 나』에 쓴 글을 발췌한 것이다).

4장

백선엽 장군은 이런 지휘관이었다

백선엽(白善燁, 1920년 출생) 장군은 국내외 언론 및 학계, 그리고 미군 장성들로부터 "6.25전쟁 영웅" 또는 "살아 있는 전설적인 전쟁영웅"으로 널리 회자(膾炙)되고 있다. 백선엽은 6.25전쟁 시 가장 위기였던 낙동강 방어선에서 임시수도 대구의 관문인 다부동(多富洞)을 사수하여 백척간두(百尺竿頭)에 선 대한민국을 살린 구국(救國)의 영웅, 북한의 수도 평양을 기동력이 월등한 미군 부대와의 경쟁에서 이긴 북진작전의 선봉장, 1951년 3월 15일 1·4후퇴 때 공산군에게 빼앗겼던 수도 서울을 재탈환한 역전의 명장이다. 그는 그런 전공으로 국군 최초로 대장(大將)으로 진급했고, 나아가 이승만 대통령으로부터 "한국의 아이젠하워"라는 칭송을 받았던 장군이었다.

그렇다면 백선엽 장군은 어떻게 그러한 위업을 이룩했고, 그와 같은 평가는 어떻게 나온 것일까? 이는 초대 제2군사령관을 지낸 강문봉 장군의 연세대학교 박사학위논문에서 나왔다. 강문봉 장군은 박사학위논문 주제를 6.25전쟁 시 육군참모총장의 리더십에 대해 썼다. 그는 이 논문을 위해 6.25전쟁에 참전한 육군 장성 200명에게 설문지를 보내 누가 전쟁 시 최고의 참모총장인가를 가려냈다. 조사에서 백선엽 장군이 6.25전쟁 시 국군 지휘관 중 최고의 지휘관으로 뽑혔다.

강문봉은 자신의 박사학위논문에서 백선엽을 군인 중의 군인으로 평가하면서 백선엽의 장점은 자기변명을 하지 않은 채 사필귀정(事必歸正)의 자세로 살아왔고, 자신의 밝고 깨끗한 마음만 믿고 행동했으며, 평생을 고독과 싸우며 살았던 장군으로 평가했다.

그러면서 강문봉은 계속해서 백선엽은 만사에 정력적이며 열성적인 자세로 최선을 다하는가 하면 인내심과 겸허함, 부하에 대한 기억력, 필승의 신념, 매사에 철저하게 확인을 하는 지휘관으로 평가했다. 특히 강문봉은 백선엽이 대인과의 협조에 전력을 기울이고, 한미 양국 간의 긴밀한 관계 확립에 매달리는 것을 보고, 일부 사람들이 백선엽의 그런 대미협조를 지나치다고 생각했으나 그것은 국익을 고려한 행동으로 분석했다. 이러한 분석결과, 강문봉 장군은 백선엽을 국군 장성 중 최고의 작전지휘관일 뿐만 아니라 가장 훈련을 잘 시키는 지휘관이라는 평가를 내렸다.

백선엽의 이러한 능력과 장점이 결국 그를 대한민국 최초의 대장으로 올려놓게 했다. 이승만 대통령도 그런 백선엽 장군을 '나의 어금니'라고 부르며 아꼈다. 그런 점에서 이승만 대통령의 백선엽 장군에 대한 신뢰는 대단했다고 볼 수 있다. 이승만 대통령은 백 장군을 두고, "나는 백 장군이 있으므로 조금도 걱정하지 않습니다. 백 장군은 나라를 위해서라면 장병과 더불어 불속이나 물속이라도 기꺼이 뛰어들 훌륭한 지휘관입니다."라며 격찬했다. 군 최고통수권자인 대통령으로부터 이런 찬사를 받기는 고금동서를 막론하고 매우 드문 일일 것이다.

백선엽 장군에 대한 높은 평가는 여기서 그치지 않는다. 전쟁 초기 육해공군총사령관 겸 육군참모총장을 지냈던 정일권(육군대장 예편, 국무총리 역임) 장군도 백선엽 장군에 대해서는 남다른 평가를 하고 있다. 두 사람은 군 경력 상 공통점도 많다. 만주 봉천군관학교 동문이라는 것, 광복 후 이북에서 월남했다는 것, 두 번씩 육군총장을 역임했다는 것, 합참의장을 끝으로 군을 떠났다는 것 등이다. 그렇게 보면 두 사람은 다정한 군의 선배이자 후배처럼 보인다.

그렇지만 군에서의 두 사람의 관계는 자의든 타의든 간에 늘 경쟁관계였다. 처음에는 백선엽이 정일권의 경력을 도저히 따라갈 수 없었다. 정일권의 지위와 경력은 백선엽을 압도했다. 정일권이 총장일 때 백선엽은 사단장이었고, 중장계급도도 정일권이 1년 앞서 달았다. 정일권은 선두를 놓치지 않았다. 그렇지만 마지막 관문인 대장 진급에서 정일권은 백선엽에게 밀렸다. 다 이겨 놓고 마지막에 진 셈이다. 자존심 강한 정일권의 입장에서는 엄청 기분이 언짢았을 것이다.

오죽했으면 백선엽 장군이 대장 계급장을 단 날 그가 밤잠을 설쳤을까! 그럼에도 불구하고 정일권 장군은 백 장군을 긍정적인 측면에서 높이 평가하고 있다. 정일권은 1980년 중반에 "백장군은 1953년 1월 국군 최초의 대장으로 승진한 것을 비롯하여 휴전회담 한국군 대표, 백야전사령관, 제2군단장, 육군대학 창설총장, 제1야전군사령관, 제7대 및 제9대 참모총장 등 누구보다도 화려하고 중추 요직을 두루 거친 군력(軍歷)은 그대로 장군의 탁월한 장재(將才)를 입증해 주는 것입니다. 이처럼 우월한 경력을 거치면서도 백 장군은 항상 겸손하고 아량과 도량이 넓은 인정 어린 수많은 가화(佳話)를 남기고 있습니다. 백 장군은 선후배의 서열에 대한 예절이 근엄하여 서로 노경(老境)에 접어든 지금도 나를 언제나 형님으로 대해 주곤 합니다. 내가 자기보다 3년 먼저 태어나서입니다. 그리곤 나의 흠을 따뜻이 감싸 주는 참으로 고마운 성우(星友)입니다."라고 말했다. 정일권은 백 장군에게 가슴속 깊이 묻어둔 감정을 그대로 토로한 것이다.

백선엽에 대해서는 미군 지휘관들도 칭찬을 아끼지 않는다. 6.25전쟁 때 백선엽을 가장 가까이서 지켜보았던 리지웨이 유엔군사령관과 밴플리트 미 제8군 사령관도 백선엽에 대해서 높이 평가했다. 미군의 두 장군은 백선엽에 대해 "그는 미군의 가혹한 시험을 통과한 한국육군에서 가장 뛰어난 작전지휘관"이라고 호평(好評)했다. 한미연합군사령관을 역임한 라퍼트(Leon J. Laparte) 장군도 백선엽을 가장 존경한 군인이자 스승이라고 했고, 벨(Burwell B. Bell) 장군도 백선엽을 세계 각국의 자유를 사랑하는 영웅이자 참 군인으로 칭송했다.

결국 백선엽에 대한 미군 지휘관들의 이러한 평가가 백선엽을 2013년 '명예 미 제8군 사령관'으로 선정하게 했다. 그런 점에서 '백선엽한미동맹상'도 그런 맥락에서 보아야 할 것이다. 학계와 언론계에서도 백선엽에 대한 평가에는 인색하지 않음을 알 수 있다. 백선엽은 1995년 학계와 언론계가 뽑은 '광복 50년 한국을 바꾼 100인'에 선정됐다. 여기에서 백선엽은 한국군 제1의 야전지휘관으로 선정됐다. 이로써 백선엽은 한국 최고의 작전지휘관이라는 입지를 굳혔다.

그러면 무엇이 그를 최고의 작전지휘관이 되게 했을까? 이는 그의 천부적 자질, 사려 깊은 배려와 겸허함, 뼈를 깎는 노력과 성실성, 사선(死線)에서 터득한 전쟁원리를 응용한 결과였다. 백선엽 장군은 전임 참모총장인 정일권 장군이나 이종찬 장군의 학력이나 경력에 비해 결코 화려하지 않다. 그는 이들 총장들이 일본 육사와 미 지휘참모대학을 나온 것과는 달리 만주군관학교 학력이 전부였다. 백선엽 장군은 학벌에 대해 별로 신경 쓰지 않았다. 그는 "전장에서 학벌은 필요 없다. 전장에서는 오직 작전을 잘하는 지휘관만이 중요할 뿐이다. 유능한 지휘관은 지형을 얼핏 보고도 공격에 유리한지, 방어에 유리한지 직관으로 판단할 줄 알아야 한다."며 과거의 경력보다는 현재의 능력을 중요시한다. 그럼에도 백선엽 장군은 미군의 신뢰를 받으며 누구보다 잘 싸웠다. 이는 평양사범학교의 교련, 군관학교의 전술학과 전사교육, 미 고문관에게서 습득한 전술과 영어가 바탕이 됐다.

6.25전쟁 때 국군과 유엔군이 치른 전투는 약 233개이다. 군사전문가들은 이들 전투 중에서 10대전투를 선정했다. 이의 기준은 승패에 관계없이 전쟁에 결정적 영향을 준 전투, 피·아 주력(主力)이 지향된 결전성격의 전투, 전투능력과 생존성 등이었다. 그중 백선엽 장군은 6.25전쟁의 백미(白眉)라고 할 수 있는 다부동 전투와 평양탈환작전에서 승리했다. 다부동 전투는 피의 혈전인 낙동강에서 북한군 3개 사단에 맞서 국군 제1사단을 주축으로 한미연합군이 엄청난 희생을 바탕으로 일궈낸 값진 승리였다. 백선엽 장군의 평양선봉입성은 경쟁부대인 미 제1기병사단에 비해 기동력이 떨어진 국군 제1사단이 밤낮으로 발이 부르트도록 걸으며 싸운 피나는 결과였다. 이때부터 미군은 국군을 신뢰했다.

또한 백선엽 장군은 중공군 침공으로 유엔군이 철수할 때 국군 사단 중 유일하게 제1사단을 온전히 철수시켰고, 유엔군의 재반격 시 서울을 재탈환한 제1사단을 지휘했다. 이로써 그는 적도(敵都) 평양과 서울을 탈환한 유일한 지휘관이 됐다. 최고의 사단장의 진가를 유감없이 보여줬다. 이어 동부전선의 제1군단장 시 그는 고성 남방까지 진격해 동해안의 휴전선을 북으로 올리는 데 기여했다. 그의 전공은 멈출 줄 몰랐다. 전선에서의 정규작전뿐만 아니라 후방에서의 대게릴라전에도 뛰어난 지휘력을 발휘했다. 1951년 말 그는 지리산 일대에서 준동하는 공비들을 소탕하라는 임무를 받고 백야전전투사령관에 임명됐다. 미 제8군 사령관 밴플리트 장군이 백장군을 공비토벌사령관으로 임명했던 것이다. 군인으로서 뛰어난 능력을 인정받은 셈이다. 백선엽은 자신을 믿고 있는 사람들에게 실망을 주지 않았다. 작전은 대성공이었다. 백선엽은 지리산 일대의 공비를 단기간에 섬멸하여 후방을 안정시켰다. 이른바 '낮에는 대한민국, 밤에는 인민공화국'이라는 지리산 일대의 공비들을 소탕하여 대한민국의 안전한 땅으로 돌려놓았다. 이승만 대통령은 그런 백선엽을 군단장에 이어 육군참모총장에 임명했고, 그것도 부족하여 다음해 국군 최초의 대장(大將)으로 진급시켰다.

백선엽 장군은 패배를 모르는 장군이었다. 그의 작전지도의 요체(要諦)는 먼저 승리할 여건을 만든 후에 전투하는 것과 상황을 재빨리 판단하고 확신이 서면 신속히 결행하는 것이었다. 이는 역대 명장들의 승리비결과 상통한다. 또한 백 장군이 승리할 수 있는 이면에는 뜨거운 부하사

랑이 있었다. 그는 전쟁 중 모두 한두 번씩 갔다 온 미국 유학을 한 번도 가지 않은 유일무이한 지휘관이었다. 또 유일하게 전쟁 초기부터 최장수 전투사단장, 군단장, 공비토벌사령관, 군단장을 거쳐 육군총수인 참모총장에 오른 입지전적인 장군이었다. 그는 오로지 한 계단씩 묵묵히 밟고 올라가는 것을 군인의 길로 여기고 행동했다. 나아가 그는 미국이 낳은 최고의 영웅들인 맥아더, 리지웨이, 워커, 밴플리트, 테일러 장군으로부터 직간접적인 지도를 받으며 한국군 최고의 야전지휘관으로 성장했다.

백선엽은 결코 운이 좋았던 것이 아니다. 그는 기회가 왔을 때 평소 치밀하게 준비했던 것을 빈틈없이 그대로 수행했을 뿐이었다. 다른 사람들은 기회가 왔을 때 이를 적극 활용하지 못하고 그대로 주저앉거나 실패했기 때문에 성장하지 못했다. 여기서 기회라는 것은 다른 말로 위기였다. 6.25전쟁 중 그에게는 많은 위기가 찾아왔다. 개전 초기부터 지연전, 낙동강 방어선에서 사단장 진두지휘, 미군과의 연합작전, 평양탈환작전, 제1군단장 시 대관령 견부(肩部) 확보, 지리산 공비토벌작전, 제2군단의 재편성, 육군참모총장 시 금성전투 지휘, 휴전 후 제1야전군 창설, 한국군 현대화 추진 등은 처음에는 그에게 위기였으나, 그는 이 모든 것을 슬기롭게 극복하고 군과 자신의 발전에 보탬이 되는 좋은 기회로 만들었다.

백선엽의 장점은 다른 곳에 있지 않았다. 그는 평시 나폴레옹이 그랬던 것처럼 앞일을 미리 예측하고 이에 대한 대비를 철저히 해 놓았다가 실제 상황에 부딪쳤을 때 그대로 실행했을 뿐이었다. 그는 오로지 군을 위해 한시도 쉬지 않고 꾸준히 노력했던 것이 결국은 본인에게 이익이 되어 돌아왔을 뿐이다. 그러한 결과가 6.25전쟁을 통해서 뛰어난 전공과 업적으로 나타났다. 이렇게 되기까지에는 그의 곧고 올바른 마음가짐과 타인에 대한 넉넉한 배려가 숨어 있었다. 그는 자신에게는 더 없이 엄격하면서도 남에게는 관대했다. 이런 백선엽을 두고 세인들은 덕장(德將)으로 평가한다.

백선엽은 1960년 연합참모본부총장(현 합참의장)을 끝으로 14년간의 군생활을 마감하고 육군대장으로 전역했다. 14년 중 10년을 장군으로 활약했고, 절반에 해당하는 7년을 대장 계급장을 달고 활동했다. 그 후 그는 자유중국 대사, 프랑스 대사 겸 유럽 및 아프리카 13개국 대사, 캐나다 대사, 교통부장관, 국영기업체 사장, 성우회 회장, 한미안보연구회장, 6.25전쟁 50주년기념사업회 위원장을 역임하고, 2015년 현재는 육군협회 회장직을 맡고 있다.

특히 2013년에는 명예 미 제8군 사령관에 임명됐다. 한국 사람으로서는 미군의 명예지휘관으로 위촉되기는 역사상 최초의 일이다. 미군 역사에서 외국군이 어떤 형태로든 미군의 지휘관이 된 적이 없었다. 매우 이례적인 일이 아닐 수 없다. 그만큼 그의 역할과 능력이 뛰어났다는 것을 의미한다. 나아가 미국이 이를 인정했다는 것을 뜻한다. 한미동맹을 위해서 잘된 일임이 틀림없다. 국위선양에 크게 기여했다. 높이 평가해야 될 부분이다. 그런 점에서 백선엽의 나라사랑과 국가안보 그리고 군에 대한 끊임없는 애정에 대해 무한한 경의와 감사를 표한다.

연보

1. 출생~군생활 (30대까지)

1920년 11월 23일	평안남도 강서군 강서면 덕흥리에서 출생
1940년 3월	평양사범학교 졸업
1941년 12월	만주 육군군관학교(봉천군관학교) 졸업
1946년 2월	군사영어학교 졸업
1946년 2월 26일	국방경비대 입대, 국군 중위 임관, 제5연대(부산) 중대장
1946년 11월 1일	대위 진급, 대대장
1947년 2월 1일	소령 진급
1947년 10월 15일	중령 진급, 연대장
1947년 12월1일	제3여단(대구) 참모장
1948년 4월 11일	통위부 정보국장 (국방경비대 정보처장 겸직)
1948년 11월 1일	대령 진급(28세)
1949년 7월 30일	제5사단장
1950년 4월 23일	제1사단장
1950년 6월 25일	6.25전쟁 발발
1950년 7월 25일	준장 진급(30세)
1951년 4월 15일	소장 진급(31세), 제1군단장
1951년 7월 10일	휴전회담 한국대표(1군단장 겸직)
1951년 11월 16일	백(白)야전전투사령부 사령관
1952년 1월 12일	중장 진급(32세)
1952년 4월 5일	제2군단장

1952년 7월 23일	제7대 육군참모총장 겸 계엄사령관
1953년 1월 31일	대장 진급(33세, 한국군 최초의 육군대장)
1953년 5월	육군대학 총장 겸직
1954년 2월 14일	제1야전군 창설/초대 사령관(34세)
1957년 5월 18일	제10대 육군참모총장 재임명
1959년 2월 23일	제4대 합동참모의장(연합참모본부 총장)
1960년 5월 31일	육군대장으로 전역(39세)

2. 전역 이후 공직생활 (40~50대)

1960년 7월 15일	중화민국 주재 대사(1년)
1961년 7월 4일	프랑스 대사 (3년, *13개국 대사 겸임)
1965년 7월 12일	캐나다 대사 (4년 4개월)
1969년 10월 21일	교통부장관(1년 3개월)
1971년 6월	충주, 호남비료 사장(2년)
1973년 4월~1980년 3월	한국종합화학 사장(7년)

※ 60대는 재야에서 칩거(군사정권시절)

3. 원로생활 (70~90대)

1989년 7월 ~ 1991년 12월	용산 전쟁기념관 건립 모금후원회 회장
1989년 12월 ~ 1991년 12월	성우회 회장(1980년 해산 성우회 재건립)
1998년 9월 ~ 2003년 10월	6.25전쟁 제50주년기념사업위원회 위원장

2003년 11월 ~ 현재	국방부군사편찬연구소 자문위원장
2007년 2월 ~ 현재	대한민국 육군협회 초대 회장
2009년 4월 ~ 현재	국민원로회의 외교안보분야 자문위원
2010년	밴플리트상 수상
2013년	명예 미 제8군 사령관 임명

저서

『군과 나』

『길고긴 여름날 1950년 6월 25일』

『지리산』

『대게릴라전』

『위기극복을 위한 전략구상』

『한국전쟁』(만화)

『From Pusan to Panmunjom』(미국)

『韓國戰爭 一千日』(일본)

『若き將軍の朝鮮戰爭』(일본)

『指揮官の條件』(일본)

『朝鮮半島對話の限界』(일본)

『조국이 없으면 나도 없다』

『내가 물러서면 나를 쏴라』1, 2, 3권 등

훈장

대한민국 태극무공훈장 2회

대한민국 을지무공훈장 2회

대한민국 충무무공훈장 1회

대한민국 금탑산업훈장 1회

대한민국 1등 수교훈장

미국 은성무공훈장 3회

미국 동성무공훈장 1회

태국, 필리핀, 중화민국, 프랑스, 벨기에, 네덜란드, 일본 등 각국 훈장

참고문헌

Ⅰ. 국문자료

1. 단행본

국방부군사편찬연구소, 『6.25전쟁사』 제1-11권, 군사편찬연구소, 2004~2013.

남정옥, 『한미군사관계사 1871~2002』, 국방부 군사편찬연구소, 2003.

——, 『이승만 대통령과 6.25전쟁』, 이담북스, 2010.

——, 『6.25전쟁시 예비전력과 국민방위군』, 한국학술정보, 2010.

——, 『미국은 왜 한국전쟁에서 휴전할 수밖에 없었을까』, 한국학술정보, 2010.

——, 『6.25전쟁의 재인식과 이해』, 전쟁기념관, 2014.

—— 외, 『이승만과 6.25전쟁』, 연세대학교 출판문화원, 2012.

—— 외, 『이승만연구의 흐름과 쟁점』, 연세대학교 대학출판문화원, 2012.

서상문, 『毛澤東과 6.25전쟁』, 국방부군사편찬연구소, 2006.

서울신문사, 『駐韓美軍 30年』, 행림출판사, 1979.

에드워드 로우니, 정수영 옮김, 『인천상륙작전을 계획한 맥아더장군 부관의 회고록: 운명의 1도』, 후아이엠, 2014.

윌리엄 스툭, 김형인·김남균 외 공역, 『한국전쟁의 국제사』, 푸른역사, 2001.

유영익 편, 『이승만 대통령 재평가』, 연세대출판부, 2006.

——, 『한국과 6.25』, 연세대출판부, 2003.

이상호, 『맥아더와 한국전쟁』, 푸른역사, 2012.

차상철, 『한미동맹 50년』, 생각의나무, 2004.

한표욱, 『韓美外交 요람기』, 중앙일보사, 1984.

2. 회고록·평전·전기·증언

계인주, 『맥아더 將軍과 桂仁珠 대령』, 다인미디어, 1993.

김웅수, 『김웅수회고록: 송화강에서 포토맥강까지』, 새로운사람들, 2007.

김정렬, 『회고록』, 을유문화사, 1993.

김행복, 『6.25전쟁과 채병덕 장군』, 국방부군사편찬연구소, 2002.

데이비드 핼버스탬, 정윤미·이윤진 옮김, 『The Coldest Winter: 한국전쟁의 감추어진 역사』, 살림, 2009.

리지웨이, 김재관 옮김, 『한국전쟁 제2대 유엔군사령관 매듀 B. 리지웨이』, 정우사, 1984.

마이클 샬러, 유강은 옮김, 『더글라스 맥아더』, 이매진, 2004.

마크 클라크, 김형섭 옮김, 『다뉴브 강에서 압록강까지』, 국제문화출판공사, 1981.

박경석, 『五星將軍 김홍일』, 서문당, 1984.

백선엽, 『군과 나』, 대륙연구소, 1989.

──, 『백선엽 육필증언록: 실록 지리산』, 고려원, 1992.

──, 『길고긴 여름날 1950년 6월 25일』, 지구촌, 1999.

──, 『위기극복을 위한 전략구상』, 국방부군사편찬연구소, 2003.

──, 『조국이 없으면 나도 없다』, The Army, 2010.

──, 『내가 물러서면 나를 쏘라 1』, 중앙일보, 2010.

──, 『내가 물러서면 나를 쏘라 2』, 중앙일보, 2011.

──, 『내가 물러서면 나를 쏘라 3』, 중앙일보, 2011.

──, 『노병은 죽지 않는다 다만 사라질 뿐이다』, 책밭, 2012.

복거일, 『리지웨이, 대한민국을 구한 지휘관』, 백년동안, 2014.

오진근·임성채, 『해군창설의 주역 손원일 제독』, 한국해양전략연구소, 2006.

육군본부, 『6.25참전자 증언록 Ⅱ』, 육군본부, 2004.

육군본부 옮김, 『위대한 장군 밴플리트』, 육군교육사령부 자료지원처, 2001.

이대용, 『두 번의 혈전: 춘천전투와 낙동강교두보 사수』, 백년동안, 2014.

이대인, 『대한민국 특무부대장 김창룡』, 기파랑, 2011.

이세호, 『한길로 섬겼던 내 조국』, 대양미디어, 2009.

이원복, 『타이거 장군 송요찬』, 육군교육사령부, 1996.

이웅준, 『자서전 회고 90년』, 산운기념사업회, 1982.

이주영, 『이승만과 그의 시대』, 기파랑, 2011.

——, 『이승만 그는 누구인가』, 배재대출판부, 2008.

——, 『이승만 평전』, 살림, 2014.

이한림, 『회상록: 세기의 격랑』, 도서출판 팔복원, 1994.

이형근, 『군번 1번의 외길 인생』, 중앙일보사, 1993.

인보길, 『이승만 다시보기』, 기파랑, 2011.

유재흥, 『격동의 세월』, 을유문화사, 1994.

유현종, 『백마고지: 김종오장군 일대기』, 을지출판공사, 1985.

정일권, 『정일권 회고록』, 고려서적(주), 1996.

조갑제, 『이용문장군 평전: 젊은 거인의 초상』, 샘터, 1988.

짐 하우스만·정일화, 『한국대통령을 움직인 미군대위』, 한국문원, 1995.

최영희, 『제16대 육군참모총장 최영희 장군 회고록: 전쟁의 현장』, 결게이트, 2009.

프란체스카 여사, 『프란체스카의 난중일기: 6.25와 이승만』, 기파랑, 2010.

한 신, 『신념의 삶 속에서』, 명성출판사, 1994.

현길언, 『제주4·3사건의 진실: 섬의 반란, 1948년 4월 3일』, 백년동안, 2014.

3. 논문·신문

강문봉, 『전시 한국군 주요 지휘관의 통솔에 관한 연구』, 연세대학교 박사학위논문, 1983.

고재각, 『6.25전쟁시 백선엽 장군의 리더십 고찰』, 경희대학교 석사학위논문, 2006.

김병륜, 「몇 세대가 지나도 한미동맹 유지될 것」, 『국방일보』, 2013. 10. 30.

김수찬, 『한국을 사랑한 밴플리트 미 육군대장』, 『한국경제』, 2009. 4. 30.

김종배, 『김종배의 도백열전(27) 제8대 전인홍 도지사②』, 『제주의 소리』, 2004. 5. 30.

김용운, 『김용운이 만난 거인들(35) 밴플리트 대장』, 『일요신문』, 2010. 8. 30.

김종배, 『김종배의 도백열전(27) 제8대 도지사 전인홍②』, 『제주의 소리』, 2004. 5. 30.

김진욱, 『6.25전쟁의 산증인 백선엽 장군: 전쟁터에서 얻지 못한 것은 협상 테이블에서도 얻지

못한다』, 『군사세계』, 월간군사세계, 2000년 6월.

김행복, 『한국전쟁 중 한국군총사령관의 작전지도: 채병덕, 정일권, 이종찬, 백선엽 장군』, 『전

사』 제4호, 국방부군사편찬연구소, 2002.

남정옥, 『6.25전쟁과 이승만 대통령의 전쟁지도』, 『군사』 제63호, 국방부군사편찬연구소,

2007.

─────, 『살아있는 전설 한국군 최초 대장 백선엽 장군: 대한민국 최고의 작전지휘관』, 『무공수훈

신문』, 2014. 2. 1.

──, 『6.25전쟁 영웅 백선엽 장군의 작전지도』, 『국방일보』, 2007. 8. 13.

──, 『백인엽 장군의 백의종군과 서울탈환작전』, 『국방일보』, 2007. 9. 17.

──, 『평양진격과 김일성 생포작전』, 『국방일보』, 2007. 10. 22.

─────, 『내가 바라본 백선엽 장군: 결점 없는 것이 단점인 한국군 최고 장군』, 『국방일보』, 2009.

5. 28.

──, 『이승만 대통령과 한미연합군 지휘관들』, 『국방일보』, 2007. 12. 10.

──, 『6.25와 국군지휘관들』, 『국방일보』, 2007. 12. 17.

──, 『밴플리트 미8군사령관의 작전지도』, 『국방일보』, 2008. 4. 21.

──, 『미8군사령관 워커 장군 전사』, 『국방일보』, 2007. 12. 24.

──, 『6.25와 한미동맹』, 『국방일보』, 2007. 12. 31.

──, 『리지웨이 미8군사령관의 작전지도』, 『국방일보』, 2008. 1. 14

──, 『6.25와 군인 박정희』, 『국방일보』, 2008. 2. 18.

노양규, 『6.25전쟁 중 미8군사령관의 작전지도: 워커, 리지웨이, 밴플리트, 테일러 장군』, 『국방

저널』제454호, 국방홍보원, 2011.

백선엽, 『밴플리트 장군과 한국군』, 『군사』 제57호, 국방부군사편찬연구소, 2005.

오동룡, 『백선엽 장군의 현대사 증언』, 『월간조선』, 2008년 4월호.

──, 『6.25전쟁 영웅 백선엽 장군의 휴전회담 육필 비망록』, 『월간조선』, 2004년 7월호.

이기동, 『백선엽 : 한국군 제1의 야전지휘관』, 『광복 50년 한국을 바꾼 100인』, 중앙일보사, 1995.

이미숙, 『6.25전쟁기 미국의 한국군 증강정책과 그 특징』, 『군사』 제68호, 국방부군사편찬연구소, 2008.

이철호, 『평양입성 제1착 백선엽 장군 인터뷰』, 『월간경향』, 1987년 6월호.

이춘식, 『6.25전쟁의 영웅 백선엽 장군의 리더십』, 『국방리더십저널』 Vol. 17, 국방대학교, 2007.

이현표, 『밴플리트 장군 아들의 실종(2): 외아들 지미 6.25전쟁 중 잃다』, 『국방일보』, 2013. 11. 4.

정토웅, 『한국전쟁 중 미8군사령관의 작전지도─워커, 리지웨이, 밴플리트, 테일러 장군』, 『전사』제4호, 국방부군사편찬연구소, 2002.

정순태, 『백선엽 앨범·육성 비화: 최고의 야전사령관에게 배우는 실전 리더십』, 『월간조선』, 2003년 2월호.

최상철, 『밴프리트 장군의 필승의 신념』, 『육군광장』 제78호, 육군본부, 2000.

Ⅱ. 영문자료

1. 단행본

Appleman, Roy E., *South to the Naktong, North to the Yalu, June-November 1950, United States Army in the Korean War,* Washington, D.C.: Government Printing Office, 1961.

Blair, Clay, *The Forgotten War: America in Korea, 1950~1953,* New York: Times Book, 1987.

Condit, Doris M., *History of the Office of the Secretary of Defense,* Vol. Ⅱ, The Test of War, 1950~1953, Washington, D.C.: Government Printing Office, 1988.

Eisenhower, Dwight D., *The White House : Mandate for Change, 1953~1956,* Garden City, NY: Doubleday and Company, 1963.

Fehrenbach, T. R., *This Kind of War: A Study in Preparedness,* New York: Macmillan, 1963.

Finley, James P., *The US Military Experience in Korea, 1871~1982: In the Vanguard of ROK-US Relations, San Francisco: Command Historian's Office,* Secretary Joint Staff, Hqs, USFK/EUSA, 1983.

Hermes, Walter G., *Truce Tent and Fighting Front, U. S. Army in the Korean War,* Washington, D.C.: Office of the Chief of Military History, United States Army, 1966.

Mossman, Billy C., *Ebb and Flow November 1950~July 1951,* Washington, D.C.: Center of Military History U. S. Army, 1990.

Rees, David, *Korea: The Limited War,* New York: St. Martin's Press, 1964.

Sandler, Stanley, *The Korean War: An Encyclopedia,* New York: Garland, 1995.

Schnabel, James F., *United States Army in the Korean War-Policy and Direction: The First Year,* Washington, D.C.: Office of the Chief of Military History, United States Army, 1972.

Spanier, John W., *The Truman-MacArthur Controversy and the Korean War,* New York: W. W. Norton, 1965.

Summers, Harry G., *Korean War Almanac,* New York: Facts on File, 1990.

Toland, John, *In Mortal Combat: Korea, 1950~1953*, New York: William Morrow, 1991.

Tucker, Spencer C., *Encyclopedia of the Korean War: A Political, Social, and Military History*, New York: Facts on File, 2002.

2. 회고록·평전·전기

Bradley, Omar N., *A General's Life*, New York, 1983.

Braim, Paul F., *The Will to Win*, Annapolis : The Naval Institute Press, 2000.

Clark, Mark W., *From to the Danube the Yalu*, New York: Harper and Row, 1974.

Collins, J. Lawton, *War in Peacetime : The History and Lessons of Korea*, Boston: Houghton Mifflin, 1969.

Paik Sun Yup, *From Pusan to Panmunjom, Dulles*, Virginia: Brassey's, 1992.

Paik Sun Yup, *From Pusan to Panmunjom, Dulles*, Virginia: Potomac Books, 2000.

Ridgway, Matthew B., *The Korean War*, Garden City, N. Y.: Doubleday and Company, 1967.

Truman, Harry S., *Memoirs: Year of Decisions*, vol. 1, Garden City, N. Y.: Doubleday & Co., 1955.

-----, *Memoirs: Year of Trial and Hope*, vol. 2, Garden City, N. Y.: Doubleday & Co., 1956.

찾아보기

208

백선엽

펴낸날	**초판 1쇄**	**2015년 5월 30일**

지은이	**남정옥**
펴낸이	**김광숙**
펴낸곳	**백년동안**
출판등록	**2014년 3월 25일 제406 − 2014 − 000031호**

주소	**경기도 파주시 광인사길 30**
전화	**031 − 941 − 8988**
팩스	**070 − 8884 − 8988**
이메일	**on100years@gmail.com**

ISBN	**979 − 11 − 86061 − 29 − 9 04300**

※ 값은 뒤표지에 있습니다.
※ 잘못 만들어진 책은 구입하신 서점에서 바꾸어 드립니다.

이 도서의 국립중앙도서관 출판시도서목록(CIP)은 서지정보유통지원시스템 홈페이지
(http://seoji.nl.go.kr)와 국가자료공동목록시스템(http://www.nl.go.kr/kolisnet)에서
이용하실 수 있습니다.(CIP제어번호: CIP2015013860)

책임편집 **홍훈표**